Gregor Henckel-Donnersmarck

Reich werden auf die gute Art

Das Buch

Religiöse Inbrunst und Streben nach Reichtum – das scheint überhaupt nicht zusammenzupassen. Schließlich hat ein guter Christ doch arm zu sein, oder?

Falsch, sagt Gregor Henckel-Donnersmarck. Der ehemalige Manager und Zisterzienser-Abt räumt überzeugend mit dem Glauben auf, dass Geldverdienen Sünde ist. Denn wer gelernt hat, in seinem Leben auf die wirklich wichtigen Dinge zu achten, für den wird der »schnöde Mammon« nie zu einem Selbstzweck werden.

Der Autor

Gregor Henckel-Donnersmarck stammt aus der gräflichen Linie der schlesischen Familie Henckel von Donnersmarck. 1970 bis 1977 war er Manager des Logistikdienstleisters Schenker & Co. 1977 trat er im Stift Heiligenkreuz ein, als dessen Abt er von 1999 bis 2011 wirkte. Unter seiner Leitung stürmten Mönche des Klosters mit ihrem Album Chant Music for Paradise die Hitparaden. Er ist Ehren-Konventualkaplan des Malteserordens und Ordensspiritual des Großpriorates von Österreich sowie Aumônier-Vicaire des Ordens vom Goldenen Vlies.

Gregor Henckel-Donnersmarck

Reich werden
auf die gute Art

Vermögenstipps eines Geistlichen

HERDER

FREIBURG · BASEL · WIEN

HERDER spektrum Band 6799

MIX
Papier aus verantwor-
tungsvollen Quellen
FSC® C083411

© 2014 edition a, Wien

© Verlag Herder GmbH, Freiburg im Breisgau 2015
Alle Rechte vorbehalten
www.herder.de

Umschlaggestaltung: Designbüro Gestaltungssaal
Umschlagmotiv: © kaan tanman - iStock / © Shutterstock

Satz: *Premiéra*
Herstellung: CPI books GmbH, Leck
2015-5436
ISBN 978-3-451-06799-0

Inhalt

Reich sein ist keine Sünde

Nur die Wenigsten wissen, dass es ein Franziskanermönch war, der die sogenannte »doppelte Buchführung« erfunden hat. Den Namen dieses Systems, das im Rechnungswesen der Neuzeit eine Revolution bewirkte, verstehen manche nicht richtig. Sie denken dabei an eine Art »doppelbödige« Buchführung, bei der es einen wahren und einen erfundenen Anteil gibt. Leider existieren solche Methoden auch, aber mit der doppelten Buchführung ist etwas ganz anderes gemeint. Ihr Prinzip beruht darauf, dass jeder Geschäftsfall doppelt gebucht, also zweifach festgehalten wird. Die Systematik aus Soll und Haben ermöglichte erst Transparenz und damit den wirtschaftlichen Erfolg der Medici oder der Fugger. Bis in unsere Gegenwart ist die doppelte Buchführung, mit einigen Verbesserungen, eine der wichtigsten Grundlagen erfolgreicher Unternehmensführung geblieben.

Wieso aber erfand ausgerechnet der Franziskaner Luca Pacioli im Jahr 1494 dieses moderne kaufmännische System? Wie nicht zuletzt unser Heiliger Vater Franziskus vielen Menschen in Erinnerung ruft, hatten sich doch gerade die

Franziskaner immer schon zur vollständigen Armut verpflichtet. War es da überhaupt statthaft, dass ein gebildeter Mönch, der Mathematik und Astronomie studierte und sich in regem Austausch mit Leonardo da Vinci und Piero della Francesca befand, so nebenbei ein Instrument schuf, das seither unzähligen Menschen geholfen hat, reich zu werden? Oder hat er durch diese Beschäftigung mit Fragen des Geldes gar eine Sünde begangen?

Das Wörtchen »nebenbei« hat in dieser Geschichte eine wichtige Bedeutung. Der Franziskaner Pacioli erfand die doppelte Buchführung nicht deshalb, weil er etwa von dem Gedanken besessen war, riesige Reichtümer anzuhäufen. Hingegen dürfen wir davon ausgehen, dass er Freude daran hatte, seinen Geist zu erproben, Probleme zu lösen und Neues zu erdenken, um sein Leben und das seiner Schüler und aller Kaufleute produktiver und freudiger zu gestalten. So schrieb er später unter anderem auch noch ein Buch über das damals immer populärer werdende Schachspiel. Aus mathematischen Überlegungen suchte er auch nach neuen Methoden des kaufmännischen Rechnungswesens. Dieses Problem löste er in brillanter Art und Weise mit dem Prinzip von

»Soll und Haben«, was gleichsam nebenbei vielen Menschen großen finanziellen Erfolg ermöglichte.

Wir dürfen die oben gestellte Frage also getrost mit einem Nein beantworten. Luca Pacioli hat sicher keine Sünde begangen, indem er sich auf inspirierte Weise mit kaufmännischen Problemen beschäftigt hat.

Woher kommt dann aber die Vorstellung, dass es sich bei der Sphäre des Geldes um etwas handelt, das sich immer an der Grenze zur Sünde befindet? Ist die Bibel nicht voll von Warnungen vor den sittlichen Gefahren großen Reichtums?

Das ist sie in der Tat, aus gutem Grund. Heutzutage werden wir via Massenmedien pausenlos mit Bildern von Menschen bombardiert, deren Leben anscheinend ausschließlich daraus besteht, mit ihrem Geld und ihren Gütern zu protzen. Jeder kennt heute den Namen Paris Hilton, über die ich nicht den Stab brechen möchte, weil ich sie nicht persönlich kenne. Dennoch lässt sich sagen, dass sie leider zur Gallionsfigur derer geworden ist, die ihren Reichtum als Selbstzweck missverstehen und die das Geld zum Mammon gemacht haben, den sie anbeten.

Wir brauchen aber nicht, wie es manche heute tun, in kulturpessimistischer Weise über solche

Beispiele zu verzweifeln. Denn dass schon in der Jahrtausende alten Bibel vor den Gefahren des Reichtums gewarnt wird, heißt ja nichts anderes, als dass es die Reichen nach der Façon von Paris Hilton immer schon gegeben hat und dass sie es wohl auch immer geben wird. Auf diese Reichen ist der Ausspruch Jesu Christi gemünzt, wenn er sagt: »Eher geht ein Kamel durchs Nadelöhr, als dass ein Reicher in das Reich Gottes gelangt.« (Matthäusevangelium 19,24)

Wem es in seinem materiellen Reichtum an Demut mangelt und wer meint, sich alles erlauben zu können, nur weil er viel Geld hat, der begeht tatsächlich eine schwere Sünde.

Angesichts solcher Beispiele liegt die Idee nahe, dass es besser wäre, sich von jedem Reichtum möglichst fernzuhalten, den weltlichen Gütern vielleicht sogar ganz abzuschwören.

Eine ähnliche Losung hatten sich die Katharer, eine Sekte im Europa des 12. bis 14. Jahrhunderts, auf ihre Fahnen geheftet. Sie predigten nicht nur gegen die Schaffung und den Genuss von Gütern, sondern auch gegen die Ehe und andere, das diesseitige Leben betreffende Einrichtungen. Alles Irdische galt ihnen als prinzipiell sündig und böse. Der einzige Auftrag Gottes an die Menschen bestand ihrer Ansicht nach darin, ihre reine Seele aus dem Diesseits in den Himmel zu retten.

Während die Katharer von sich selbst als »veri christiani«, wahre Christen, oder als »boni homines«, als gute Menschen sprachen, brandmarkte sie die katholische Kirche als Häretiker. Das noch heute bekannte Schmähwort »Ketzer« scheint etymologisch betrachtet vom Wort Katharer abzustammen. Auch wenn wir solche Worte heute eher nicht mehr benutzen, kommen wir wohl nicht umhin, die Katharer aus christlicher Perspektive tatsächlich als eine Art von Ketzern zu betrachten. Denn von den Menschen die völlige Abkehr von allem Weltlichen zu verlangen, verfehlt den Geist des Christentums ebenso, wie das Weltliche und Materielle zum einen und einzigen Zweck zu erheben. Auch in der Geringschätzung gegenüber der Welt, die Gott geschaffen und als deren Teil er den Menschen erschaffen hat, ist die Sünde der mangelnden Demut klar erkennbar.

Diese Tatsache steht nur oberflächlich im Kontrast dazu, dass manche Menschen, die ihr Leben dem Dienst an Gott weihen, das Gelübde der Armut ablegen. Ich selbst zähle als Ordensmitglied der Cistercienser zu diesem Kreis von Menschen. Aber zum einen bedeutet mein Armutsgelübde keinesfalls die demutslose, weltabgewandte Armut, die die Katharer verlangten. In der Regel des Heiligen Benedikt, dem Gründer aller benediktinischen Orden, zu denen auch die Cistercienser gehören, heißt es dem Sinn nach: »Niemandem soll es am Notwendigen fehlen«.

Zum anderen gilt für das Gelübde der Armut dasselbe wie für jenes der Ehelosigkeit. Es soll der Weg für jenen kleinen Teil der Menschheit sein, der sein Leben ausschließlich Gott widmet. Für alle anderen Menschen hingegen gilt, dass Ehe ebenso wie Wohlstand erstrebenswerte und mit den christlichen Werten im Einklang befindliche Ziele sind.

> *Wer arbeitet, fleißig ist und die Welt*
> *durch seine Arbeit sinnvoll gestaltet,*
> *der darf dabei auf Gottes Segen hoffen.*
> *Wem diese Arbeit Wohlstand, vielleicht*
> *sogar echten Reichtum einträgt, der muss*
> *keineswegs fürchten, sich damit allein*
> *schon versündigt zu haben.*

Ich möchte diesen Punkt unterstreichen, weil mir daran liegt, einen populären Irrtum im Hinblick auf die christliche Lehre zu korrigieren.

Reich sein allein ist noch keine Sünde.
Für Arm und Reich gilt gleichermaßen:
Erst im Umgang mit den Gütern dieser
Welt erweist sich, ob ein Mensch die
christliche Lektion der Demut beherzigt
oder nicht.

Allerdings geht mit Reichtum eine besonders große ethische Verantwortung einher. Je größer der Reichtum, desto größer auch die Verantwortung. Zwar gibt es auch die Gefahr, durch Armut korrumpiert zu werden. Größer ist aber die Versuchung, sich durch Macht und Reichtum ablenken und auf den falschen Weg führen zu lassen. Das Wort Vermögen sollte daher eigentlich kleingeschrieben werden. Wer sich nämlich ein solches Vermögen erarbeitet oder es geerbt hat, der *vermag* damit Menschen und Dinge in Bewegung zu versetzen und die Welt zu gestalten. In diesem Sinn ist Reichtum, mit dem der Mensch demutsvoll umgeht, selbstverständlich ein großes Geschenk. Denn Demut bedeutet in diesem Zusammenhang keinesfalls, seinen Reichtum nicht in rechter Weise zu nutzen, sondern wie der berühmte »Onkel Dagobert« geizig den eigenen Tresor zu bewachen. Stattdessen ist es die Pflicht der Vermögenden, die

Welt an ihrem Reichtum partizipieren zu lassen, und zwar so, wie es ihnen nach kluger Prüfung sinnhaft und nützlich erscheint.

Es gibt nicht nur eine schamlose, sondern ebenso eine demutsvolle Art, ein Vermögen, über das ich verfüge, in der Welt wirksam zu machen. Menschen, die diesen Weg wählen, geht es nicht darum, sich selbst zur Schau zu stellen und möglichst oft in den Illustrierten zu erscheinen. Bill Gates, der Gründer der Firma Microsoft, scheint mir ein gutes Beispiel für diesen Typus des Vermögenden zu sein, der sich bemüht, seinen Reichtum gestaltend in die Welt zurückzuführen. Zwar stimme ich ausdrücklich nicht mit allen Zielen überein, die Gates seiner Stiftung, der er große Teil seines Vermögens überantwortet, gesetzt hat. Aber grundsätzlich ist ein solcher gestaltender Umgang mit Vermögen vorbildhaft.

Eines muss ich zum Abschluss dieser Einleitung noch einmal klarstellen: Die christliche Lehre enthält selbstverständlich keine Anleitung für die Erlangung eines Vermögens. Sie widmet sich letztlich ausschließlich dem Weg zu und mit Gott, der dem Menschen das größte und einzig unveräußerliche Vermögen seiner ewigen Liebe verspricht. Die Heilige Schrift verheißt uns auch an keiner

Stelle, dass es uns im Diesseits gelingen wird, die Armut ein für allemal zu besiegen. Nach christlicher Theologie wird es kein Himmelreich auf Erden geben, Reich und Arm werden auf die eine oder andere Art immer existieren. Würde aber jemand, der gerade dabei ist, seine eigenen Existenz aufzubauen, an mich herantreten und mich um Rat ersuchen, was zu tun ist, um sich Chancen auf Wohlstand, eine eigene Lebensgrundlage, vielleicht sogar auf ein Vermögen zu schaffen, so würde ich ihn nicht wegschicken. Ich würde versuchen, aus meiner eigenen Lebenserfahrung Rat anzubieten.

Dabei ist wichtig zu erwähnen, dass ich nach meiner Matura Welthandel studiert habe und danach für einige Jahre als leitender Angestellter der Logistik-Firma Schenker, später als Geschäftsführer der spanischen Tochtergesellschaft der Firma, gearbeitet habe. Nach meinem Eintritt in den Orden der Cistercienser wurden mir bald wieder Aufgaben übertragen, die mit ökonomischen Fragen verbunden waren, wie die Sanierung des notleidenden Stiftes Rein und die Arbeit als Nationaldirektor von Missio Austria. Später, als ich zum Abt des Stiftes Heiligenkreuz gewählt wurde, fiel mir damit auch die wirtschaftliche Leitung eines großen, fast 900 Jahre alten Betriebes zu, der landwirtschaftliche Nutzflächen, ein Weingut und andere Wirtschaftsunternehmen umfasste. In all diesen Lebensphasen habe ich viel über unternehmerisches Handeln gelernt.

Dabei ist mir klar geworden, dass wirtschaftliches Denken keineswegs in Konflikt mit einem aufrichtigen, im christlichen Sinne frommen Leben, steht. Ganz im Gegenteil. Wer gelernt hat, auf welchen Prinzipien ein verantwortungsvolles, ehrliches Leben aufbaut, dem wird dieses Wissen gerade auch im Beruf und im Umgang mit Geld den rechten und bisweilen sogar erfolgreichen Weg weisen. Davon bin ich überzeugt und deshalb habe ich mich auch entschieden, dieses Buch zu veröffentlichen.

Würde mich daher jener fiktive Ratsuchende von vorhin fragen, welche Prinzipien er in diesem Sinne beherzigen sollte, um sich Wohlstand zu schaffen, dann würde ich ihm gerne die folgenden zehn Kapitel ans Herz legen, aus denen dieses Buch besteht. Meine Vorschläge zielen nicht nur auf wirtschaftlichen Erfolg ab, sondern auch auf den richtigen Umgang mit diesem Erfolg, wie der Mensch ihn dadurch bewahrt und nicht zum Selbstzweck verkommen lässt.

In diesem Fall ist es nicht nur keine Sünde, sondern moralisch wertvoll, wenn jemand reich wird. Aber eben *mit* Gott, und das heißt, im Einklang mit den Prinzipien einer guten und richtigen Lebensführung. Ich hoffe, dass dieses Buch für möglichst viele Menschen ein nützlicher Baustein dafür sein möge, mit Gott wahrhaft reich zu werden.

Bleibt locker und übt euch in Demut

Große Vermögen werden im Allgemeinen gerade nicht von den Menschen geschaffen, die in erster Linie ans Geld denken. Das mag überraschen, weil es doch als wichtig gilt, sich klare Ziele zu setzen und sie möglichst ehrgeizig zu verfolgen.

> *Geld ist kein Ziel im eigentlichen Sinn.*
> *Es kann nur der Lohn dafür sein, ein Ziel*
> *erreicht zu haben.*

Wer die ganze Zeit nur an das Geld denkt, das er verdienen will, dem fehlt die Konzentration auf die Sache, die der Schlüssel zu jeder Art von Erfolg ist. Deshalb ist die erste und wichtigste Lektion, die wir lernen müssen, wenn wir uns Wohlstand schaffen, ja vielleicht sogar einmal reich werden möchten, die Lektion der Demut.

Der Begriff der Demut spielt in der christlichen Ethik eine zentrale Rolle. Er wird uns auch durch dieses Buch begleiten, weil er eine Art »Querschnittsmaterie« darstellt. Das heißt, der Unterschied zwischen Tugend und Laster, zwischen einem gelungenen und einem verfehlten Leben bemisst sich oft hauptsächlich daran, ob ich die

Dinge, die ich tue, demütig tue oder nicht. Ein demütiges Streben ist eines, das die Sache ins Zentrum rückt. Den Lohn dafür, der sich unter anderem in finanziellem Erfolg ausdrücken kann, darf ich ruhig freudig entgegennehmen. Er darf nur niemals zum Selbstzweck verkommen.

> *Wenn ihr reich werden wollt, denkt nicht*
> *ans Geld. Wer immer nur dem Geld nach-*
> *läuft, der wird nicht viel davon haben.*

Warum das so ist, wird klar, wenn wir uns einen geldgierigen Menschen vorstellen. Die Gier gehört aus christlicher Perspektive zu den sogenannten sieben Hauptsünden, und das aus gutem Grund. Geldgier verengt wie jede Form der Gier den Blick, sie führt zu Verkrampfung und beschneidet die Perspektive auf ein einziges, vermeintlich selig machendes Ziel. Geldgier nimmt der Arbeit alles Fröhliche, Leichte und Spielerische. Ja, es wäre vielleicht nicht einmal übertrieben zu sagen, dass die Gier dem Menschen das im besten Sinne Menschliche raubt. In erschütternder Weise wird diese Geldgier in der österreichischen TV-Sendung *Moneymaker* gezeigt, in der ein Mensch in einem Käfig steht, nach Geldscheinen hascht und möglichst viele davon an sich rafft.Eine solche Haltung steht in Kontrast zu den Eigenschaften, die in der modernen Arbeitswelt für jene, die Erfolg haben wollen, Bedingung sind. Viele Unternehmen haben in den vergangenen Jahren und Jahrzehnten zunehmend erkannt, dass ihre wertvollsten Mitarbeiter diejenigen sind, die Spaß an ihrer Arbeit haben, sich mit Freude in ihren Gegenstand vertiefen, und dabei locker und ausgeglichen genug sind, um auf spontane Veränderungen rasch und mit wachem Geist zu reagieren.

Können wir uns einen zutiefst geldgierigen Menschen vorstellen, der solche Eigenschaften mitbringt? Ich glaube kaum.

> *Die geistige Spannkraft, die im unternehmerischen Handeln ebenso gefragt ist wie in der Arbeitswelt der unselbständig Beschäftigten, ist unvereinbar mit der eindimensionalen Jagd nach Geld.*

Ebenso unvereinbar ist die Geldgier auch mit dem christlichen Glauben. Diese Tatsache wird in der Bibel dort erläutert, wo vom »Gott Mammon« die Rede ist. Der sprichwörtliche »Mammon« leitet sich vermutlich vom aramäischen Wort »mamona«

für unredlich erworbenen Gewinn oder unmoralisch eingesetzten Reichtum ab. Im Volksglauben wurde der Mammon später zum Dämon oder zum Götzenbild, das zur Habgier verführte Menschen anbeteten. In der Bibel werden wir mit den Worten Jesu dezidiert darauf hingewiesen, dass die Verehrung dieses Götzen und die Ausrichtung auf ihn hin unvereinbar mit dem wahren Kult, dem Glauben an den einen und einzigen Gott ist: »Niemand kann zwei Herren dienen: Entweder er wird den einen hassen und den andern lieben, oder er wird zu dem einen halten und den andern verachten. Ihr könnt nicht beiden dienen, Gott und dem Mammon.« (Matthäusevangelium 6,24)

Jesus fährt fort: »Euch aber muss es zuerst um sein (Gottes, Anm.) Reich und seine Gerechtigkeit gehen. Dann wird euch alles andere dazu gegeben.« (Matthäusevangelium 6,33)

Damit ist in anderen, religiösen Worten noch einmal verdeutlicht, was wir bereits festgehalten haben. Wer in sprichwörtlicher Weise »das Geld anbetet«, der entfremdet sich von sich selbst, indem er sich und die Menschen in seinem Umfeld dem Mammon unterwirft. Wer wirtschaftlich wirklich erfolgreich sein will, braucht einen substanzielleren Antrieb, der weiterträgt.

Wenn ihr reich werden wollt, dann findet
einen inneren Antrieb, der euch stärkt.
Allein der Wille, erfolgreich zu sein,
bringt noch keinen Erfolg. Erfolg habt
ihr nur dort, wo euer Tun für euch selbst
Sinn ergibt.

Diese für sich genommen einfache Feststellung führt direkt zu einer schwierigen Frage. Wie finden wir den notwendigen inneren Antrieb, die echte Motivation? Wichtige Ressourcen stellen in diesem Zusammenhang das Gebet und die mit ihm verbundene innere Einkehr dar. Dabei wird es nur ganz selten darum gehen, eine »Botschaft« von Gott zu empfangen. Solche Momente der Ruhe und des Zwiegesprächs haben viel mehr auch den Vorzug, das Stimmengwirr aus oberflächlichen Wünschen und Zwecken, das uns sonst manchmal dominiert, zum Verstummen zu bringen. In so einem ruhigen Zustand können wir eher herauszufinden, was für uns wirklich zählt.

Gerade jungen Menschen möchte ich in diesem Zusammenhang zudem den Rat geben, ihre Pläne anderen Menschen vorzulegen und den Mut zu haben, sie nach ihrem ehrlichen Urteil zu fragen. Im Prinzip ist es eine gute Idee, dafür nahestehende Personen zu wählen, die vielleicht auch schon über etwas mehr Lebenserfahrung verfügen.

Allerdings habe ich die Erfahrung gemacht, dass gerade die eigenen Eltern nicht immer die idealen Ratgeber sind, wenn es um Weichenstellungen für das Berufsleben geht. Oft sind sie uns gewissermaßen zu nah, um ein nicht nur empathisches, sondern zugleich auch möglichst objektives Urteil zu fällen. Ein guter Freund oder ein erfahrener Bekannter, mit dem uns eine gute Gesprächsbasis und gegenseitiger Respekt verbindet, ist für diesen Zweck manchmal der geeignetere Ratgeber.

Ich habe das selbst erlebt. Als mir von Schenker angeboten wurde, zur spanischen Tochtergesellschaft als Geschäftsführer zu gehen, fragte ich einen guten Freund meines Bruders, ein Topmanager in der deutschen Wirtschaft, ob ich das tun solle. Er antwortete: »Alles, was sich im Lebenslauf gut liest, *ist* gut.«

Auch die Entscheidung, mit Mitte dreißig noch einmal ein neues Leben zu beginnen und ins Kloster einzutreten, habe ich durchaus nicht nach Konsultation meiner Eltern getroffen, wie ich gestehen muss. Als ich sie darüber informiert habe, waren sie auch nicht sofort begeistert. Erst mit der

Zeit ist es mir gelungen, sie von der Richtigkeit dieses für mein Leben entscheidenden Schrittes, zu überzeugen.

> *Ein Ratschlag, wie immer er auch ausfällt, enthebt in keinem Fall von der Verpflichtung, die Entscheidung über den eigenen Lebensweg letztlich selbst und eigenverantwortlich zu treffen. Den guten Rat werden wir aber daran erkennen, dass er es uns ermöglicht, unsere eigenen Vorstellungen noch einmal in einem neuen Licht zu betrachten.*

Den Mut, unsere Wahl schließlich selbst zu treffen, können wir übrigens aus dem christlichen Menschenbild ableiten. Der Mensch ist im christlichen Sinne weder Gott noch Halbgott. Von ihm ist Aufrichtigkeit zu fordern, niemals aber Unfehlbarkeit. Deshalb ist es keine Schande und schon gar keine Sünde, nicht sein Leben lang in einem beruflichen Feld zu verharren, wenn wir mit der Zeit feststellen, dass wir unsere Fähigkeiten anderswo besser und nützlicher einbringen können.

*Es ist uns erlaubt, Fehler zu machen, ja es
ist sogar unvermeidlich. Wir dürfen den
Sinn unseres beruflichen Tuns, der für
den Erfolg so unverzichtbar ist, ohne allzu
große Angst vor Fehlentscheidungen suchen, solange wir es damit ernst meinen.*

Auch hier geht es somit darum, locker zu bleiben, Demut walten zu lassen und sich auf der
Suche nach dem richtigen Weg nicht aus Angst
oder Erfolgszwang innerlich zu verhärten. In diesem positiven Sinn ist es auch gemeint, wenn in
der katholischen Theologie von den Menschen
als Sündern die Rede ist. Die Menschen werden
von Gott geliebt, sie können zur heiligen Beichte
gehen, und immer wieder verzeiht er ihnen und
schenkt ihnen einen Neubeginn. Sie sind daher
auch nicht verpflichtet, auf dieser Welt durch
wirtschaftlichen Erfolg und durch die Anhäufung
von Reichtum seine ewige Seligkeit unter Beweis
zu stellen. Aber es gibt keinen Erfolgszwang. Sich
einen solchen einzureden oder einreden zu lassen,
wäre ein Verstoß gegen das Prinzip der Demut.

*Erfolgszwang führt keineswegs zu Erfolg,
sondern zu einer Fixierung auf ein Ziel,*

*das wir nur erreichen können, wenn wir
es gerade nicht absolut setzen.*

Vielen Menschen hat es über die Selbstbefragung hinaus zum Erfolg verholfen, ein übergeordnetes Ziel zu finden, das den persönlichen Sinn des eigenen Tuns noch übersteigt und uns zu anderen Menschen, zur Gemeinschaft, in Bezug setzt. Unter dem Begriff des »mission statement« hat die Methode, sich ein solches Ziel zu wählen, auch Eingang in die Unternehmensberatung gefunden.

Wie leicht zu erkennen ist, haben die Unternehmensberater sich den Begriff aus der christlichen Terminologie geborgt. Die »Mission« im Sinne der Evangelisierung ist ein zutiefst religiöses Konzept. Dennoch finde ich diese Wortentwendung in Ordnung, solange sie nicht als Feigenblatt dafür dient, ein Profitstreben zu verdecken, das keinem sinnvollen inneren Antrieb gehorcht. Warum soll nicht auch ein Unternehmen eine »Mission«, eine Sendung haben, sich darüber klar werden, worin sein Dienst an der Gesellschaft besteht, was sein Auftrag ist, an dem es dann natürlich auch verdienen darf, ja muss, um überleben und ihn dauerhaft erfüllen zu können? Auch bei dieser Suche nach einer »Mission« für die eigene Arbeit stellt sich rasch die Frage, wo ich sie finde. Muss ein solcher Auftrag gar vom Himmel kommen?

Ich glaube, wir sollten das Ganze nicht zu hoch hängen und auch hier dem Prinzip der Lockerheit verpflichtet bleiben. »Hilf dir selbst, so hilft dir Gott« ist ein geflügeltes und ein wahres Wort. Wer mutig selbst versucht, seine Mission, seine Sendung zu finden, sie in Einklang mit den eigenen Begabungen und Interessen zu erspüren, der darf darauf vertrauen, dass es auch funktionieren wird. In der Theologie wird dieses Prinzip mit dem lateinischen Satz »Gratia supponit naturam« des Heiligen Bonaventura beschrieben: »Die Gnade setzt die Natur voraus«. Das soll heißen, wenn wir unsere weltlichen Fähigkeiten, unser Charisma, unser Interesse in aufrichtiger Weise bündeln, um den für uns richtigen Weg zu finden, wird bestimmt auch die Gnade mithelfen.

Weil mir das Prinzip der Konzentration auf die Sache, des Vertrauens auf die eigenen Begabungen, Werte und Intuitionen so wichtig ist, möchte ich es an einem Beispiel aus meinem eigenen Leben erläutern. Im Stift Heiligenkreuz, dem ich als Abt dienen durfte, hat der Lobpreis Gottes durch das gemeinsame Chorgebet der Ordensbrüder seinen festen Platz. Auch Papst Benedikt XVI. bestärkte uns bei seinem Besuch im Stift im Jahr 2007 darin, dass dieses absichtslose Chorgebet, das eben kein permanentes Flehgebet ist, seine zentrale Stellung behalten soll.

Als dann die Musikfirma Universal mit dem Vorschlag auf uns zukam, aus unserem Chorgebet, dem Gregorianischen Choral, in dem wir diese Meditation vollziehen, eine CD zu machen, habe ich zunächst eher gebremst und gezögert. Ich hatte das Gefühl, dass wir aus dem Gebet kein »Business« machen sollten. Aber dann kam ein Mitbruder und zeigte mir eine Stelle aus der Rede des Heiligen Vaters an uns: »Jeder Mensch trägt im Innersten seines Herzens die Sehnsucht nach der letzten Erfüllung, nach dem höchsten Glück, also letztlich nach Gott. Ein Kloster, in dem sich die Gemeinschaft täglich mehrmals zum Gotteslob versammelt, bezeugt, dass diese menschliche Sehnsucht nicht ins Leere geht.«

Das ist, so wurde mir klar, die unserem Chorgebet innewohnende apostolische Mission, eine zusätzliche Bedeutung, die noch über die tägliche Freude, unsere Liebe zu Gott gemeinsam zu besingen, hinausgeht.

Es ergab sich dann allerdings die Frage, welche Teile unseres Gebets wir für die Aufnahme auswählen sollten. Da wir in den Wochen zuvor drei Sterbefälle im Stift hatten, habe ich vorgeschlagen, das Requiem zu singen, weil wir es doch am besten konnten. Dabei hatte ich, da ich innerlich noch immer am Zögern war, ein wenig die geheime Hoffnung, Universal würde das als unmöglich zurückweisen und das Projekt platzen lassen.

Aber nein, die Universal-Leute haben es akzeptiert, und das sogar mit Freude. So entstand dann die CD *Music for Paradise*, benannt nach dem Toten-Officium »In paradisum deducant te angeli«. Mit dieser CD waren wir bald darauf tatsächlich sehr prominent in den Charts vertreten und haben einiges an Geld umgesetzt. Das Geld konnte das Stift damals sehr gut brauchen, denn wir hatten vor dem Papstbesuch recht große Ausgaben für vorgezogene Renovierungen getätigt. Mit dem Erlös aus der CD hat sich immerhin ein Teil des durch diese Ausgaben begründeten Jahresdefizits decken lassen.

Enttäuschen musste ich allerdings jene Leute, die geglaubt hatten, ich würde mir zur Feier des Erfolgs einen Pink Cadillac anschaffen, damit über den Highway in Hollywood fahren und mich unter die Reichen der Welt einreihen. Selbstverständlich eine absurde Vorstellung. Aber es gab jemanden, der sie so witzig fand, dass er mir sogar einen rosaroten Miniatur-Cadillac schenkte.

Auch wenn es sich bei diesem Beispiel um einen eher außergewöhnlichen Fall von wirtschaftlichem Erfolg handelt, zeigt es doch recht gut, worum es geht. Hätten meine Mitbrüder und ich uns das Hirn zermartert, womit wir Geld machen könnten, wären wir wohl nicht auf die Idee gekommen, eine CD aufzunehmen. Stattdessen haben wir unsere Zeit dafür genutzt, in Demut unseren Gregorianischen Choral zu pflegen und das Chorgebet immer schöner und kräftiger erklingen zu lassen. Das ist uns, aus Liebe zur Sache und zu unserem spirituellen Auftrag, offenbar recht gut gelungen. Im Ergebnis daraus haben wir einen wirtschaftlichen Erfolg erzielt, der gar nicht geplant war, aber dem Stift und somit allen seinen Projekten und Aufgaben zugutegekommen ist.

Der eigentliche, spirituelle Erfolg unserer Plattenaufnahme bestand aber darin, dass wir danach tausende Rückmeldungen per Email von Menschen bekamen, die sich dafür bedankten, dass sie damit, wie sie schrieben, wieder einen Zugang zur Liturgie, zum Glauben und zur Heiligen Schrift gefunden hatten.

Es ist kein Zufall, dass spiritueller und
wirtschaftlicher Erfolg Hand in Hand
gehen. Wer in der Lage ist, den Menschen
etwas zu geben, was sie tatsächlich berei-
chert, den werden sie auch angemessen
dafür bezahlen.

Das aber setzt ein Tun voraus, das Demut, Interesse an der Sache und Distanz gegenüber reinem
Profitstreben in den Vordergrund rückt. Es ist diese Lektion, die nicht nur jeder Einzelne, sondern
auch unsere Wirtschaft zur Gänze neu zu lernen
und zu beherzigen hat, wenn wir langfristig erfolgreich sein wollen.

Bleibt locker und übt euch in Demut.
Den großen Erfolg bringt die Konzentra-
tion auf die Sache, nicht das Schielen auf
den Profit.

Es gibt noch einen weiteren Grund, aus dem ich
dringend rate, sich gerade auch im Wirtschaftlichen nicht nur auf das Geld zu fixieren. Denn wer
eine solche Verhärtung an den Tag legt, der wird
niemals den »spielerischen« Umgang mit Geld er-
lernen, der erfolgreich unternehmerisch handeln-

de Menschen fast immer auszeichnet. Wenn ich vom spielerischen Umgang spreche, dann meine ich natürlich nicht Casino und Glücksspiel und auch nicht die Mentalität, die damit verbunden ist. Allerdings habe ich an der Hochschule für Welthandel gelernt, dass alles wirtschaftliche Handeln mit Risiko verbunden ist. Die gänzlich risikofreie Wirtschaft, das todsicher gewinnbringende Unternehmen oder Geschäft gibt es nicht. Der Grund dafür ist sehr einfach. Der Mensch ist kein reiner homo oeconomicus, kein Wesen, das immer unfehlbar seinen wirtschaftlichen Nutzen sucht. Darüber sollten wir selbstverständlich froh sein.

Unlängst habe ich auf einem Auto einen Aufkleber entdeckt, dessen Aufdruck mich noch immer beschäftigt, weil ich nicht genau weiß, wie er gemeint ist: »Wer lebt, stört«, stand darauf zu lesen. Tatsächlich ist damit auf provokante Weise eine Wahrheit ausgesprochen. Denn der Mensch ist für die strenge Kalkulation der Wirtschaft immer auch ein »Störfaktor«, manchmal ein produktiver, manchmal aber auch einer, der das wirtschaftliche Risiko schlagend werden lässt. Wenn wir uns das vergegenwärtigen, zusammen mit der Tatsache, dass doch in erster Linie die Wirtschaft für den Menschen da zu sein hat und nicht umgekehrt, dann verstehen wir gleich besser, warum das Spielerische, richtig verstanden, für alles wirtschaftliche Handeln und für den Umgang mit Geld einen so zentralen Stellenwert hat.

> *Wenn wirtschaftliches Handeln Risiko bedeutet, und wenn dieses Risiko aufgrund des menschlichen Faktors nicht technokratisch exakt zu bestimmen ist, dann kann in der wirtschaftlichen Sphäre dauerhaft nur derjenige erfolgreich sein, der dem Geld nicht anhaftet, sich nicht daran klammert, sondern es als nützliches Mittel zum Zweck betrachtet.*

Interessant ist in diesem Zusammenhang, dass das Wort für »Vermögen« im Altgriechischen »dynamis«, also ganz einfach »Kraft« bedeutet. Dieser Intuition folgend, geht es beim Geld eben gerade nicht um den Besitz, um das vielstellige Bankkonto, sondern um die Kraft, die sich mit Vermögen im positiven Sinn in Gang setzen lässt. Das aber wird nur gelingen, wenn es spielerisch, kreativ und phantasievoll geschieht.

Selbstverständlich ist das Stift Heiligenkreuz mit seinen unterschiedlichen Betrieben nebenbei auch ein wirtschaftliches Unternehmen. In meinem Dienst als Abt hatte ich wie gesagt unter anderem die Aufgabe, die wirtschaftlichen Geschicke des Stifts letztverantwortlich, in Kooperation mit dem Hauptökonom, dem Wirtschaftsrat und den leitenden Mitarbeitern, zu lenken. Im Zuge dieser Tätigkeit wurde mir die Bedeutung des Spielerischen, des Kreativen, ganz klar vor Augen geführt. Immer wieder standen wir vor Investitionsentscheidungen, die alles andere als einfach zu treffen waren. Es ließ sich nämlich, gerade bei den guten, erfolgversprechenden Unternehmungen, im Vorhinein durchaus nicht prophezeien, ob sie ein Gewinn- oder ein Verlustgeschäft werden würden. Hätten wir dabei gierig oder ängstlich von Anfang an nur auf die Vermehrung des Geldes geschielt, dann hätten wir eigentlich überhaupt keine Projekte initiieren dürfen. Erst der im positiven Sinn spielerische Umgang mit Geld machte es möglich, im Bewusstsein des damit unvermeidbar verbundenen Risikos in Projekte zu investieren, die wir für richtig, wichtig und zur Philosophie des Stifts passend hielten.

So investierte das Stift unter meiner Führung nicht zuletzt in erneuerbare Energien und in

Wind- und Wasserkraft. Nicht alle Projekte in diesem Feld haben am Ende Gewinn abgeworfen, aber der Saldo war letztlich positiv. Zugleich haben wir mit diesen Investments versucht, unserem christlichen Verständnis der Schöpfungsverantwortung praktischen Ausdruck zu verleihen und uns am Umbau hin zu einer modernen, zeitgemäßen Energiegewinnung zu beteiligen. Wieder stand am Ende, ähnlich wie bei unserer Plattenaufnahme, ein doppelter Gewinn. Wieder war der wirtschaftliche Erfolg Ergebnis einer konsequenten Orientierung an den eigenen Werten und Überzeugungen. Wieder waren es Demut und ein im richtigen Sinn distanzierter Umgang mit Geld, die den Erfolg ermöglichten.

> *Wenn ihr die Kraft des Geldes nutzen wollt, geht phantasievoll-spielerisch damit um. Wer sich an sein Geld klammert, wird dadurch scheitern.*

Ich habe es bereits angedeutet: Was für den Einzelnen in seiner beruflichen Sphäre und was für das einzelne erfolgreiche Unternehmen gilt, hat auch für die Wirtschaft als Gesamtheit unserer wirtschaftlichen Unternehmungen größte Bedeutung.

Wir müssen uns vergegenwärtigen,
dass die Wirtschaft eine menschliche
Angelegenheit ist, ein System sozialer
Beziehungen, das seine Verankerung in
den menschlichen Bedürfnissen nicht
verlieren darf.

In den vergangenen Jahren haben uns gerade jene wirtschaftlichen Aktivitäten, die diese grundlegende Wahrheit ausklammern wollten, eine große wirtschaftliche Krise beschert. Diese Tatsache sollte uns allen Mahnung sein. Ein wirtschaftliches Tun, das keine Demut mehr kennt, das auf Geldvermehrung und grenzenloses Wachstum um jeden Preis eingeschworen ist, muss scheitern.

Ich möchte daher all jene warnen, die immer noch glauben, Fragen der Ethik in der Wirtschaft wären ein bloßes Beiwerk, ein nebensächliches Feld für Schöngeister, das mit den eigentlichen, »harten« wirtschaftlichen Fragen nicht viel zu tun hat. Meine Managementerfahrung, sowohl in der freien Wirtschaft als auch im Ordensleben, besagt das genaue Gegenteil. Es ist der Ernst im Umgang mit den ethischen Fragen, den Grundfragen nach Bedeutung und Berechtigung wirtschaftlichen Handelns, der erst die Grundlagen dafür schafft, bei den konkreten, täglich zu treffenden Entscheidungen den letztlich erfolgreichen Weg zu finden.

Deshalb setze ich mich auch dafür ein, an der Wiener Wirtschaftsuniversität ein Institut für Wirtschaftsethik zu etablieren. Es geht mir nicht darum, mit ethischen Bedenken Sand ins Getriebe des Unternehmertums zu streuen, im Gegenteil. Ich bin überzeugt davon, dass Fragen der Wirtschaftsethik das beste Schmiermittel für ins Stocken gekommene Produktivität sind, weil nur sie unseren Antrieb zu wirtschaftlichem Handeln vom anthropologischen Grund auf erneuern.

Die Marktwirtschaft ist, auch davon bin ich überzeugt, ein grundsätzlich gutes System, weil sie Freiheit und Eigenverantwortung des Menschen ins Zentrum rückt. Aber wie jedes System braucht auch sie Kontrolle. Der Markt ist nützlich, aber im Gegensatz zu dem, was einige in den vergangenen Jahren verlauten ließen, sicher nicht heilig.

> *Der Markt ist ein brauchbares Instrument, dessen Ergebnisse aber immer auf ihre Auswirkungen für den Menschen hin untersucht werden müssen.*

An den Rändern des Marktes, in seinen Extremwerten, muss das Marktgeschehen begrenzt werden, um die Funktionstüchtigkeit des Systems zu gewährleisten. Das haben die wirtschaftlichen Erfahrungen schon der vergangenen Jahrhunderte, aber auch gerade der vergangenen Jahre, gezeigt. Geschieht das nicht, dann fressen die demutslose Anbetung des Geldes und die Reduktion des Menschen auf einen Störfaktor am Ende jene Produktivität auf, die von aufrichtigem unternehmerischem Handeln und würdevoller Arbeit erst geschaffen werden.

Sagt, was ihr tut, und tut, was ihr sagt

Manche Menschen glauben, dass sie unehrlich sein müssen, um wirtschaftlich erfolgreich zu sein. Sie sind der Ansicht, es ginge im Leben nur darum, sich möglichst nicht erwischen zu lassen. Wer das schafft, so meinen sie, der hat den Ehrlichen gegenüber einen Vorsprung, den er zum Beispiel dazu nutzen kann, wohlhabend zu werden, während der Rest der Menschheit sich scheinbar sinnlos abstrampelt. Ich bin kein Anhänger dieser Theorie. Nicht nur deshalb, weil sie nicht zu meinen Idealen passt, sondern weil meine Lebenserfahrung im wirtschaftlichen wie im klösterlichen Bereich etwas ganz anderes sagt.

Dass der Mensch nicht perfekt ist, und dass das Christentum ihm auch keineswegs Perfektion abverlangt, das habe ich bereits erwähnt. Absolute Ehrlichkeit wird es daher im irdischen Leben nicht oft geben. Die heilige Beichte ist der Ort, an dem wir durch das Bekenntnis unserer Verfehlungen, zum Beispiel unserer Unehrlichkeit, jene Aufrichtigkeit nachholen können, die uns im täglichen Leben manchmal nicht gelingt. Mit dem Vorsatz, uns zu bessern, erhalten wir in der Beichte auch die Absolution für unsere Sünden.

Etwas anderes ist es aber, Ehrlichkeit als Tugend völlig über Bord zu werfen und nur noch das zu sagen und zu tun, was uns in einer gegebenen Situation gerade als nützlich erscheint. Ohne Rücksicht auf Versprechen, die wir gegeben, und verbindliche Zusagen, die wir gemacht haben. Menschen, die die Lüge so weit in ihr Leben hineingelassen haben, erleben die Qual eines gespaltenen Bewusstseins. Sie sind gezwungen, gegen ihr eigenes natürliches Bedürfnis nach Ganzheit und Stimmigkeit zu agieren, können Denken und Handeln kaum mehr in Harmonie zueinander bringen. Nach außen hin sind solche Menschen oft in besonders zynischer Weise bemüht, sich über andere, die das Ideal der Aufrichtigkeit hochhalten, lustig zu machen. Sie tun gerne so, als ob sie jegliche Skrupel schon lange erfolgreich überwunden hätten und seither in der Lage wären, ein sorgenfreies und erfolgreiches Leben zu führen. Meistens aber braucht es gar keinen geschulten Psychologen, um hinter diese mühsam aufrecht erhaltene Fassade zu blicken. Die Lüge verletzt den grundlegenden Wunsch des Menschen, Vertrauen fassen zu können.

Schon Kleinkinder brauchen, wie wir aus der Entwicklungspsychologie wissen, für ein gesundes Heranwachsen unbedingt die Möglichkeit, das sogenannte Urvertrauen zu ihren Eltern aufzubauen. Misslingt dieser Prozess, weil die Eltern lieblos oder unberechenbar agieren, entstehen psychische Verletzungen, die oft lebenslang nicht heilen.

Wer nun als Erwachsener systematisch lügt, der lebt gleichsam in einer Welt aus Lüge, die er sich selbst gezimmert hat. Er kann gar nicht anders, als auch allen anderen zu unterstellen, dass sie lügen, ihn hintergehen wollen und daher nicht vertrauenswürdig sind. Hinter jeder Ecke wird er den Verrat wittern. Er wird misstrauisch, ängstlich, befangen und verliert jene Leichtigkeit, die für Glück und Erfolg gleichermaßen Voraussetzung ist. Selbst wenn er die Zehn Gebote gar nicht kennt oder sie ihm nicht das Geringste bedeuten, wird er spüren, dass er ein Prinzip verletzt und den falschen Weg eingeschlagen hat.

Verlasst euch nicht auf die Lüge. Sie wird euch letztlich weder wirtschaftlichen noch seelischen Reichtum bringen.

Dass ein Leben nach solchen Prämissen nicht gottgefällig zu nennen ist, steht wohl außer Frage. Ich bin aber der Meinung, dass eine auf Unehrlichkeit aufbauende Praxis auch wirtschaftlich auf die Dauer nicht von Erfolg gekrönt sein wird. Der Grund dafür lässt sich einsehen, wenn wir an den in der wirtschaftlichen Sphäre wichtigen Begriff der Handschlagqualität denken.

> *Wer wirkliche Handschlagqualität besitzt, der verfügt über einen Trumpf, der von seinen Konkurrenten kaum zu stechen ist.*

Wenn wir uns selbst fragen, mit wem wir gerne Geschäfte machen würden, bei wem wir gerne Kunde sein möchten, dann wird ein Mensch mit Handschlagqualität immer die Nase vorn haben. Wer sich auf diese Weise als verlässlich erweist, der schafft Vertrauen in sich und seine Arbeit und kann sogar damit rechnen, dass ihm Fehler nachgesehen werden.

Ganz anders verhält es sich, wenn diese Handschlagqualität fehlt. Wenn ich zum Beispiel heute etwas so Banales tue, wie in ein Geschäft zu gehen, um mir neue Socken zu kaufen, dann rechne ich als Kunde automatisch damit, mich auf die Qualität des Produktes, die der Verkäufer mir empfiehlt, verlassen zu können. Haben dann aber alle Sockenpaare, die ich kaufe, bereits nach wenigen Wochen Löcher an den gleichen Stellen, dann fühle ich mich betrogen. Dass ich rechtlich hier kaum etwas beanspruchen kann, ist dafür ebenso gleichgültig wie die Tatsache, dass der Streitwert relativ gering ist. Es geht ums Prinzip. In Zukunft werde ich keine Socken dieser Marke mehr kaufen, weil ich den begründeten Eindruck gewonnen habe, dass diejenigen, die sie verantworten, keine Handschlagqualität besitzen. Ob mir dabei zum Geschäftsabschluss tatsächlich die Hand geschüttelt wurde oder nicht, ist natürlich egal. Handschlagqualität ist eine Haltung, ein Synonym für Verlässlichkeit in wichtigen Fragen.

Das Beispiel mit den Socken ist mir übrigens tatsächlich passiert. Die betreffende Firma glaubt also anscheinend, dass sie trotz des Imageverlustes, den sie durch den Verkauf minderwertiger Produkte erzielt, Gewinn machen kann. Sie setzt wahrscheinlich darauf, genug Laufkundschaft anzuziehen, um die Kunden, die sie mit ihren zur Löchrigkeit neigenden Socken vergraulen, durch neue ersetzen zu können. Selbst wenn die Kalkulation vordergründig aufgehen sollte, übersieht der für diese Strategie verantwortliche Unternehmer aber einen entscheidenden Punkt. Denn auch wenn er die neuen Kunden, die sein Geschäft noch nicht kennen, einmal täuschen kann, wird er sich selbst und seine Mitarbeiter nicht täuschen können. Wer aber einer Arbeit nachgeht, die mit Lüge und Unaufrichtigkeit verknüpft ist, der verzichtet auf die stärkste und nachhaltigste Motivation, die es überhaupt gibt. Es ist dies die Motivation, die aus dem Gefühl erwächst, etwas im besten Sinne Nützliches zu tun.

Wir haben schon vom Menschenkind gesprochen, das dringend Urvertrauen benötigt. Ebenso brauchen Menschen, auch Erwachsene, als soziale Wesen Bestätigung dafür, dass ihr Tun richtig ist. Daraus schöpfen sie die Kraft, die nötig ist, um jeden Morgen aufzustehen und auch die anstrengenden Teile des Arbeitsalltags zu bewältigen. Wenn jemand als Verkäufer seinen Mitmenschen in Person der Kunden, die er beraten soll, nicht offen gegenübertreten kann, weil er die Wahrheit über das Produkt, das er verkauft, verschweigen muss, dann bleibt ihm diese wesentliche Sinnquelle seines Tuns verwehrt. Das aber wird zumindest langfristig nicht nur negative Folgen für ihn und seine Psyche, sondern natürlich auch für seine Leistung und seine Produktivität haben.

Als ich in der Anfangszeit meines klösterlichen Lebens einmal mit einem spanischen Cistercienser-Mönch zusammentraf, einem wichtigen Mann in unserem Orden, der gemeinsam mit dem Generalabt die Klöster visitierte, da fragte ich ihn: »Welche Klöster sind in ihrer Arbeit erfolgreich, welche ziehen am meisten Nachwuchs an?«

Er hat mir auf Spanisch geantwortet, es seien diejenigen, die »dicen lo que hacen y hacen lo que dicen«, die also sagen, was sie tun, und tun, was sie sagen.

Ich bin bis heute von diesem Statement beeindruckt. Auf Spanisch klingt es besonders überzeugend, aber auch auf Deutsch behält es seinen Wahrheitswert und seine Weisheit. Umschrieben ist damit eben jener Begriff der Handschlagqualität, den wir gerade entwickelt haben. In der Antwort des Mönchs wird erkennbar, dass Handschlagqualität noch eine weitere erfolgsfördernde Ebene besitzt. Nicht nur schafft sie ein positives Image unseren Geschäftspartnern und Kunden gegenüber. Handschlagqualität zieht auch wie ein Magnet gute, motivierte Leute an, die mit dem, der diese Tugend besitzt, gemeinsam an einem Strang ziehen wollen. Wir können hierin einen weiteren, wirtschaftlich entscheidenden Aspekt ausmachen, der vom Produzenten der Socken offensichtlich übersehen wurde.

> *Sagt, was ihr tut, und tut, was ihr sagt.*
> *Aufrichtigkeit und Handschlagqualität*
> *werden euch mehr Reichtum einbringen,*
> *als der kurzfristige Profit, der ohne sie*
> *auszukommen meint.*

Als wirtschaftlich handelndes Individuum sollten wir auch niemals die Tatsache unterschätzen, dass für unseren Erfolg ein intaktes Umfeld Voraussetzung ist, ein Netzwerk, ohne das wir unsere Arbeitskraft, unsere Ideen oder unser Produkt niemals einbringen könnten. Dieses Faktum wird in übertrieben individualistischen Theorien wirtschaftlichen Handelns manchmal übersehen. Aber nur wenn das Image eines Wirtschaftszweiges intakt ist, oder wenn zwischen den einzelnen Stationen einer Vertriebskette ein Vertrauensverhältnis besteht, finden Einzelne die Bedingungen vor, die sie brauchen, um individuell erfolgreich zu sein. Umgekehrt sind wir daher auch als Einzelne dafür verantwortlich, diese positiven Grundlagen durch unser Handeln zu stärken, anstatt sie in der Hoffnung auf kurzfristigen Profit zu schädigen, wodurch wir letztlich an dem Ast sägen würden, auf dem wir selbst sitzen.

Das Stift Heiligenkreuz besitzt unter anderem auch ein berühmtes Weingut. Deshalb ist mir der österreichische Weinskandal der Achtzigerjahre als Negativbeispiel für dieses Prinzip noch in deutlicher Erinnerung. Damals hat eine Minderheit der österreichischen Weinproduzenten Etikettenschwindel betrieben, indem sie Wein durch Beimengung von Glykol nachgesüßt hat. Nun hat dieses Fehlverhalten einiger, die sich davon einen Vorteil erhofft haben, aber dazu geführt, dass österreichischer Wein nach Aufdeckung dieses Skandals für einige Zeit nahezu unverkäuflich wurde. Der damals geläufige Ausspruch »Zum Wohl, Glykol!« brachte das Problem pointiert zum Ausdruck. Das Image des österreichischen Weines war so schwer beschädigt, dass auch die gute, ehrliche Arbeit jener Weinbauern, die sich an die Gesetze gehalten hatten, keinen Ertrag mehr brachte. Der Vertrauensverlust in die Branche war einfach zu gravierend.

Allerdings hat die Entwicklung des österreichischen Weinhandels seit damals eine ausgesprochen positive Wende erfahren. Der Grund dafür waren nachrückende, meist junge Weinproduzenten, die sich das Ziel setzten, das Vertrauen in die österreichische Weinwirtschaft von Grund auf zu erneuern. Sie investierten bewusst in Qualität statt Masse und schufen Transparenz im Hinblick auf den Herstellungsprozess ihres Produktes. So gelang es ihnen mit der Zeit, das Image der Branche wieder ins Positive zu drehen. Heute steht die österreichische Weinwirtschaft in Folge dieser Anstrengungen besser da als vor dem Weinskandal.

Was kann jeder von uns für sein Bemühen um Wohlstand und wirtschaftlichen Erfolg aus dieser Geschichte lernen? Zunächst einmal, dass Transparenz ein wichtiges Mittel ist, um Handschlagqualität zu schaffen oder zu erneuern, wo sie in Zweifel gezogen wurde.

In unserer digitalisierten Welt leben wir heute unter gesellschaftlichen Bedingungen, die uns Transparenz in manchen Bereichen geradezu aufzuzwingen scheinen. Wir wissen, dass sowohl Geheimdienste als auch private Unternehmen mit fragwürdigen Zielen umfassend auf unsere geschäftlichen und persönlichen Daten zugreifen. Gleichzeitig haben mutige Individuen wie Edward Snowden den positiven Sinn des Wortes Transparenz erneuert, indem sie die Scheinwerfer auf diejenigen Institutionen gerichtet haben, die alles über uns wissen, sich aber nicht kontrollieren lassen wollen.

Wir sollten uns bemühen, die Bedeutung des Wortes Transparenz immer in dieser aufklärerischen Weise zu verstehen, und nicht als negative Utopie vom gläsernen Menschen. In diesem Sinne sollten wir bemüht sein, ob als Unternehmer oder unselbständig Beschäftigte, Transparenz nicht erst herzustellen, wenn sie von uns gefordert oder uns aufgezwungen wird.

> *Wir sollten initiativ Transparenz in unseren Arbeitsprozessen schaffen, sie zu einer Stärke machen, die Vertrauen schafft, anstatt sie als lästige Pflicht zu betrachten.*

Wer sagt, was er tut, und tut, was er sagt und wer dabei nichts grundlos verbirgt, der stärkt zugleich auch sein Recht auf etwas, das ich »Transparenz zweiter Ordnung« nennen würde. Damit meine ich den Schutz von Bereichen, in die kein Einblick gewährt werden kann. Sei es der Privatbereich, der jedem Individuum zusteht, sei es das Geschäftsgeheimnis, das jedes Unternehmen selbstverständlich in wichtigen Punkten wahren muss, um konkurrenzfähig zu bleiben. Auch darüber Klarheit zu schaffen, was nicht offengelegt werden kann, ist jene höhere Form der Transparenz, die das Vertrauen in uns und unsere Verlässlichkeit noch zusätzlich stärkt.

> *Transparenz wirkt nicht nur positiv auf unser Umfeld, sondern auch und vor allem auf uns selbst. Denn Transparenz im Sinne von Einblick in geschäftliche Praktiken kann nur derjenige gewähren, der vorher sicherstellt, dass sein Verhalten auch wirklich vorzeigbar ist.*

Auf diese Weise hält das Prinzip der selbstgewählten Transparenz uns als Individuen dazu an, keine unsauberen Entscheidungen zu treffen, durch die wir uns angreifbar machen würden. Diese Wirkung der Transparenz ist durchaus keine Kleinigkeit, unter der Berücksichtigung, dass wir im Berufsleben oft mehrmals täglich vor Weggabelungen stehen, an denen wir den richtigen oder den einfachen Weg wählen können. Meiner Erfahrung nach liegt das Problem nämlich nur relativ selten darin, dass wir etwa nicht wüssten, welche von zwei Entscheidungen die richtige ist. Das wissen wir meist nur zu gut. Die Schwierigkeit ergibt sich mithin daraus, die Motivation aufzubringen, die notwendig ist, um die oft mit mehr Aufwand oder weniger kurzfristigem Profit verbundenen richtigen Wege zu beschreiten. Im Sinne eines Wissens darüber, dass wir unsere Entscheidungen später für andere offenlegen werden, ist Transparenz ein Baustein, der es uns erleichtert, diese Motivation zu finden.

> *Arbeitet transparent. Wer aktiv*
> *Transparenz übt, schafft nicht nur*
> *Vertrauen. Er macht es sich auch selbst*
> *leichter, seine Arbeit in tugendhafter*
> *Weise zu verrichten.*

All das hatte ich im Hinterkopf, als ich in der Zeit meines Dienstes als Abt von Heiligenkreuz einen externen, unabhängigen Wirtschaftsprüfer damit beauftragt habe, unsere Bilanz zu prüfen. Die Intention war die Herstellung von größtmöglicher Transparenz für alle achtzig Mitbrüder, sowie die Aufdeckung möglicher wirtschaftlicher Problemzonen, die es, bei einem im Umfang doch recht komplexen wirtschaftlichen Gebilde wie dem Stift, immer geben kann.

Im Zuge dieses Prüfungsprozesses ist mir allerdings klar geworden, dass auch der Wert der Transparenz demutsvoll gelebt werden muss. Totale Transparenz ist im konkreten Fall meist unmöglich, selbst da, wo sie vielleicht wünschenswert wäre. In Heiligenkreuz hätte das zum Beispiel bedeutet, dass jeder meiner achtzig Mitbrüder jeden einzelnen der etwa 20.000 pro Jahr anfallenden Buchungsbelege auf seine Korrektheit hin hätte überprüfen müssen. Das wäre allerdings nicht nur das Ende der Arbeitsteilung, sondern darüber hinaus auch sinnlos.

Nur ganz wenige Mitbrüder verfügen über eine betriebswirtschaftliche Ausbildung, die es ihnen gestattet, in die Details der Buchhaltung einzusteigen. Die ausführliche Zusammenfassung, die der von mir beauftragte Wirtschaftsprüfer zum Ende seiner Arbeit lieferte, musste ebenfalls darauf Rücksicht nehmen, dass sie nicht nur die Ohren von Fachleuten erreichte. Als der Prüfer an einer Stelle seines Vortrags erklärte, er könnte noch viel mehr sagen, wolle sich aber nicht in Details verlieren, wurde das von einigen Zuhörern falsch aufgefasst. Sie verstanden seinen Ausspruch, wie sich später herausstellte, so, als ob er ihnen das Wichtigste vorenthalten wolle.

An diesem Beispiel können wir erkennen, dass auch Transparenz als soziale Tugend gelebt werden muss. Sie kann nicht darin bestehen, sich einfach nur seiner Informationspflicht zu entledigen und den Herrgott im Übrigen einen guten Mann sein zu lassen. Nein, Transparenz muss, wenn sie wirken soll, mit funktionierender Kommunikation Hand in Hand gehen. Transparenz muss den Anderen mitdenken und ernst nehmen, wenn sie Vertrauen schaffen soll. Zugleich setzt sie Vertrauen beim Gegenüber voraus. Wie heißt es so schön in der Heiligen Schrift: »Gerechtigkeit und Friede küssen sich.« (Buch der Psalmen, 85,11)

Ich glaube, wir dürfen das auch auf das Verhältnis von Transparenz und Vertrauen übertragen. In unserem Beispiel bedeutete das, dass es notwendig wurde, den Prüfbericht, der positiv ausgefallen war, nachzubesprechen und auf alle Fragen der Mitbrüder entsprechend einzugehen. Das haben wir damals getan und so ist es uns, glaube ich, gelungen, diese Wirtschaftsprüfung zu einem guten Ergebnis für unser Kloster zu machen.

Als warnendes Beispiel muss auch das Fehlverhalten des früheren VW-Managers José Ignacio Lopez erwähnt werden, das ich in Erinnerung habe. Dieser Spitzenmanager war für den Einkauf und die Zulieferer des Konzerns zuständig. Ohne mit den Lieferanten überhaupt zu sprechen, kürzte er ihnen von einem Tag auf den anderen alle Einkaufspreise im zweistelligen Prozentbereich und forderte sie auf, das Geschäftsverhältnis zu beenden, wenn es ihnen nicht passte. Vielleicht wäre diese Entscheidung wirtschaftlich sogar gerechtfertigt gewesen, vielleicht zahlte VW damals zu viel an seine Lieferanten, das weiß ich nicht.

Der entscheidende Punkt ist, dass solche Fragen in den Hintergrund traten, weil das intransparente und kommunikativ ungeschickte Vorgehen dieses Managers, der mit niemandem verhandelt und niemanden in seine Entscheidung eingebunden hatte, den Konzern rasch an den Rand eines kompletten Produktionsausfalls brachte. Lopez ist dann schnell ins Bodenlose gefallen, weil er seine Handlungsweise niemandem im Vorstand transparent und nachvollziehbar erläutern konnte.

Zugleich waren die mit VW kooperierenden Zuliefer-Unternehmen nach diesem »feindlichen Akt« nicht bereit, weiter zu liefern und es bedurfte einiger kommunikativer Anstrengungen, um den Missstand zu beseitigen, den Intransparenz und Gesprächsverweigerung herbeigeführt hatten. Noch heute werden ähnliche Fälle gerne spöttisch als Lopez-Effekt bezeichnet. Natürlich strebt niemand einen Karriereverlauf wie den dieses Managers an. Deshalb ist das Zusammenspiel von Transparenz und Vertrauen in allem wirtschaftlichen Handeln immer zu fördern. Ich kann jedem, der seinen Weg erfolgreich gehen will, nur raten, dies zu berücksichtigen.

Seid gehorsam und habt Vertrauen

»Seid untereinander so gesinnt, wie es dem Leben in Christus Jesus entspricht: Er war Gott gleich, hielt aber nicht daran fest, wie Gott zu sein, sondern er entäußerte sich und wurde wie ein Sklave und den Menschen gleich, sein Leben war das eines Menschen. Er erniedrigte sich und war gehorsam bis zum Tod, bis zum Tod am Kreuz. Darum hat Gott ihn über alle erhöht und ihm den Namen verliehen, der größer ist als alle Namen, damit alle im Himmel, auf Erden und unter der Erde ihr Knie beugen vor dem Namen Jesu und jeder Mund bekennt: Jesus Christus ist der Herr zur Ehre Gottes, des Vaters.« (Philipper 2,3-11)

Wie wir an diesem Zitat erkennen, nimmt der Gehorsam in der christlichen Theologie einen zentralen Stellenwert ein. Auch das fünfte Kapitel der *Regel des heiligen Benedikt*, die für alle Benediktiner, also auch für uns Cistercienser maßgeblich ist, trägt den Titel: *Der Gehorsam*. Zugleich ist der Gehorsam einer jener Werte, die in unserer Gesellschaft am meisten aus der Mode gekommen oder sogar in Verruf geraten sind. Das hat zum Teil geschichtliche Gründe, die zwar nachvollziehbar sind, meiner Meinung nach aber auf einem falschen, beziehungsweise unchristlichen Verständnis dieses Begriffes beruhen. Ich werde in diesem Kapitel versuchen, zu zeigen, warum Gehorsam nicht nur ethisch aktuell, sondern auch eine wichtige Tugend für all jene ist, die sich Wohlstand und Reichtum schaffen wollen.

Theologisch betrachtet kommt das Wort Gehorsam vom Hören, nämlich vom Hinhorchen auf das, was Gott uns aufträgt. Dieser Auftrag manifestiert sich einerseits in unserem Gewissen, andererseits auch in den Zehn Geboten, die uns in der Offenbarung gegeben wurden. Da diese beiden Instanzen, das Gewissen und die Zehn Gebote, unsere direkteste Verbindung zum Wort Gottes darstellen, steht der Gehorsam ihnen gegenüber aus christlicher Sicht immer an erster Stelle. Jede Form des weltlichen Gehorsams ist nur statthaft, wenn sie diesem Gehorsam Gott gegenüber nicht zuwiderläuft.

Im 20. Jahrhundert ist der Gehorsam durch die Gräueltaten totalitärer Regime in Verruf geraten, in unseren Breiten zuallererst durch den Nationalsozialismus und seine Mordmaschinerie. Viele Menschen haben diesen Regimen und ihren Autoritäten aus Fanatismus, Angst oder falsch verstandenem Pflichtgefühl Gehorsam geleistet und sich auf diese Weise an schweren Verbrechen mitschuldig gemacht.

Wenn wir den Begriff aber in seiner theologischen Bedeutung erfassen, sehen wir, dass es eigentlich nicht ein zu viel, sondern ein zu wenig an Gehorsam gegenüber Gottes Wort gewesen ist, das diese Katastrophen ermöglicht hat. Unter schwierigsten Bedingungen ist es leider nur wenigen gelungen, den Geboten Gottes gegenüber gehorsam zu bleiben. Diejenigen, die das vollbracht haben, werden heute zu Recht für ihre moralische Integrität geehrt. So hat Papst Benedikt den katholischen Kriegsdienstverweigerer Franz Jägerstätter 2007 selig gesprochen für seinen unbeugsamen Gehorsam gegenüber Gott, der den Ungehorsam gegen ein Unrechtsregime zur Folge hatte.

Nach dieser kleinen Ehrenrettung des richtig verstandenen Gehorsams, können wir uns jetzt also fragen, was Gehorsam heute für unseren Alltag und unseren wirtschaftlichen Erfolg bedeuten kann. Auch weltlicher Gehorsam ist keineswegs immer falsch, wie in den erwähnten Extrembeispielen. Er darf jedoch kein blinder, sondern muss immer ein verantworteter Gehorsam sein.

Ein solcher Gehorsam hat paradoxerweise oft eine befreiende Wirkung auf den Einzelnen. Der

Effekt ist ähnlich wie jener, den ein Ordensmann erfährt, wenn er ein Armutsgelübde ablegt. Dadurch, dass die Sphäre des Geldes und der Reichtümer keine Rolle mehr spielt, entfällt mit dem Armutsgelübde viel von dem, was uns im täglichen Leben sonst Sorgen bereitet und Energie kostet. Auf ähnliche Weise kann der verantwortete Gehorsam uns den Kopf frei machen, Eigensinn und notorische Zweifel eindämmen und uns damit produktiver und zufriedener mit unserer Arbeit werden lassen. Die Gedanken über Wie und Warum zum Stillstand kommen zu lassen, und sich in der Richtung, in die wir gestellt wurden, ganz auf sein Tun zu konzentrieren, hat eine große und erhebende Kraft, der wir uns nicht verweigern sollten.

> *Wenn ihr reich werden wollt, seid gehorsam. Wer seine Trägheit bezwingt und recht verstandenen Gehorsam übt, setzt ungeahnte Kräfte frei.*

Nun drängt sich natürlich die Frage auf, was an einem solchen verantworteten Gehorsam eigentlich noch das Gehorsame ist. Wenn wir den Gehorsam, den wir zum Beispiel als Angestellte unseren

Vorgesetzten gegenüber leisten, ohnehin immer an unserem Gewissen ausrichten und daran relativieren müssen, entscheiden wir dann am Ende nicht wieder selbst, was wir tun und was wir lassen sollen?

Ja und Nein. Einerseits ist der verantwortete natürlich tatsächlich ein gewählter Gehorsam, bei dem wir unser Hirn nicht einfach abschalten und blind den von oben ergangenen Befehlen folgen dürfen. Andererseits aber, und das ist der wesentliche Punkt, treten Fälle, in denen wir weltlichen Gehorsam aus Gewissensgründen verweigern müssen, in Friedenszeiten zum Glück nicht so häufig auf.

Ich persönlich kann mich zum Beispiel an keinen einzigen Fall in meinem Leben erinnern, in dem ich die Aufforderung eines Vorgesetzten, ob in meinem wirtschaftlichen Beruf oder schon gar im Orden, zurückweisen und somit Ungehorsam hätte leisten müssen. Mehr noch, ich weiß auch keinen Fall, in dem sich nicht zumindest im Nachhinein herausgestellt hätte, dass die Anordnung durchaus ihre Berechtigung hatte.

Manchmal wäre es vielleicht bequemer für mich gewesen, ungehorsam zu sein. Manchmal hätte ich eine Entscheidung vielleicht selbst anders getroffen. Aber immer hat sich am Ende herausgestellt, dass der mir gewiesene Weg durchaus kein schlechter gewesen ist.

Natürlich ist es möglich, dass ich in meinem Leben viel Glück mit meinen Vorgesetzten gehabt habe. Es ist mir zum Beispiel jeden Tag aufs Neue eine Freude, Papst Franziskus Gehorsam zu leisten. Womit nicht gesagt ist, dass mir das immer leicht fällt. Papst Franziskus besitzt die Fähigkeit, uns mit seinen Worten aufzurütteln, uns aus unserer Komfortzone zu reißen und mit ungemütlichen Themen zu konfrontieren. Gerade deshalb, weil er uns nicht nur sagt, was wir hören wollen, zahlt sich Gehorsam seinen Worten gegenüber aus. Auch wenn das für uns bedeuten kann, anders zu handeln, als wir es gewohnt sind.

An diesem Beispiel sehen wir, warum der Gehorsam im Christentum als eine aktive Tugend verstanden wird, der Ungehorsam hingegen als Trägheit. Unsere an den Extremfällen der Geschichte geschulte Weltsicht, setzt die Akzente heute oft umgekehrt. Dann erscheint der Ungehorsam als Tugend, was jedoch nur in den erwähnten Ausnahmefällen zutrifft.

*Gehorsam zu üben bedeutet auch, auf
wohltuende Weise ein Stück von jenem
Narzissmus abzurücken, der leicht mit
Selbstverwirklichung verwechselt wird.*

Es gibt eine Rücksichtslosigkeit, die sich als emanzipatorischer Fortschritt der Individuen tarnt, und deren Motto lautet: »Tu nur, was dir gut tut.« In die Praxis übersetzt bedeutet das meist: »Folge nur dort, wo es dir einen Vorteil bringt«. So wird das Ganze zu einer Verhärtung, zu einem Individualisierungskonzept, das keine Großzügigkeit und keinen selbstverständlichen Bezug zum anderen mehr kennt. Das aber hat mit recht verstandener menschlicher Emanzipation nichts zu tun.

Wer meint, immer alles besser zu wissen und keine sachliche Autorität gelten lässt, der zerstört soziale Beziehungen und schadet sich selbst und seiner eigenen Leistungsfähigkeit.

Er benimmt sich wie der Suppen-Kaspar aus dem berühmten *Struwwelpeter*-Märchen, der mit dem Ausruf: »Nein, meine Suppe ess' ich nicht!« seine Autonomie zu begründen meint, während er in

Wirklichkeit sein eigenes Grab schaufelt. Während wir als Kinder unseren Eltern zu Gehorsam verpflichtet sind, stellt sich für die Erwachsenen natürlich die Frage, woran sie die Menschen erkennen sollen, denen gegenüber sich Gehorsam als Tugend erweist. Wenn wir selbst unternehmerisch tätig oder in der Hierarchie eines Unternehmens ein Stück weit aufgestiegen sind, kommt noch die Frage hinzu, wie wir uns so verhalten können, dass unsere eigenen Anordnungen Gehorsam verdienen.

Der Schlüssel zur Beantwortung beider Fragen ist der Begriff des Vertrauens. Denn verantworteten Gehorsam kann es immer nur dort geben, wo auch Vertrauen herrscht. Als Vorgesetzte können wir Vertrauen herstellen, indem wir Feedbackschleifen in die Entscheidungsprozesse einbauen und unseren Mitarbeitern kommunikativ auf Augenhöhe begegnen. Gehorsam schaffende Autorität entsteht gerade nicht daraus, unantastbar zu erscheinen und sich wie in einer höheren Sphäre schwebend zu benehmen.

Wo ihr Gehorsam verlangt, schafft zuerst Vertrauen. Nur wer sich ernst genommen fühlt, kann wirklichen Gehorsam leisten.

Ich erinnere mich noch gut an einen meiner Vorgesetzten bei der Firma Schenker, der mir in dieser Hinsicht immer als positives Beispiel vor Augen steht. Ich hatte damals als Mitarbeiter der Organisationsabteilung in der Zentralleitung der Firma ein Protokoll zu machen, das ich dann auch den Vorstandsmitgliedern vorlegen sollte. Ich erinnere mich noch, wie Helmut Schmukle, eines der Vorstandsmitglieder, das Schriftstück durchlas und dann schmunzelnd, aber auch etwas vorwurfsvoll sagte: »Verwirren Sie mich nicht mit Tatsachen, wo ich mir doch bereits ein Bild von der Lage gemacht habe.«

Das war natürlich ein verstecktes Kompliment. Er brachte damit zum Ausdruck, dass ich ihm Informationen vorgelegt hatte, die unbequem, aber nützlich für ihn waren, weil sie ihn dazu zwangen, seine vorgefasste Meinung noch einmal zu überdenken. Das war für mich damals ein überaus eindrucksvolles Gespräch. Dieser Mann war genau die Art von vertrauenswürdigem Vorgesetzten, dessen Anordnungen gegenüber ich gerne gehorsam war.

Kennt nicht jeder von uns Menschen mit solchen Qualitäten? Ihnen gegenüber sollten wir ohne falschen Stolz gehorsam sein. Von ihnen sollten wir lernen, wie wir selbst Vertrauen schaffen können, das uns berechtigt, Gehorsam von anderen zu erwarten.

Leider ist es infolge der Wirtschaftskrise für viele Menschen schwieriger geworden, ihre Arbeitskraft und ihre Motivation an einem Ort einzubringen, den sie frei wählen. In Zeiten hoher Arbeitslosigkeit müssen manche froh sein, überhaupt eine Stelle zu finden, und sind so unter Umständen Menschen gegenüber zum Gehorsam gezwungen, zu denen sie nicht das nötige Vertrauensverhältnis haben. Auch daran erkennen wir, was für negative Folgen wirtschaftliche Krisen für die Gesellschaft nach sich ziehen. Denn nicht nur der Einzelne leidet darunter. Auch die Gesellschaft als Ganzes wird weniger produktiv, weniger reich in jeglicher Hinsicht sein, wenn Menschen nicht aufgrund von freier Wahl, sondern infolge von Zwang und Existenzangst beruflich kooperieren.

In einer solchen Situation sind die Vorgesetzten mehr denn je dazu angehalten, demutsvoll mit ihren Befugnissen umzugehen. Wieder fällt mir der Heilige Vater ein, der in diesem Punkt gleich zu Beginn seines Pontifikats bewusst Akzente gesetzt hat. Papst Franziskus berief unter anderem eine Kommission aus acht Kardinälen, die Vorschläge für eine Kurienreform erarbeiten sollte. Dieser Kardinalskommission sitzt er selbst vor, sodass Bilder eines Papstes um die Welt gingen, der ein wenig an einen Firmenleiter erinnerte, der sich mit seinen Führungskräften zusammensetzt, um Lösungen für anstehende Probleme zu finden. Wegen einer gewissen sakralen Verklärung des Papstamtes war eine aktive Teilnahme des Papstes an derartigen Sitzungen zuvor nicht üblich gewesen. Papst Franziskus aber entschied, dass es ein geeignetes Symbol für die Demut seines Führungsstils sei, gewissermaßen selbst anzupacken und sich auf eine Stufe mit seinen Kardinälen zu stellen. Ich bin überzeugt davon, dass es genau dieser kommunikative Gestus ist, der einen verantwortlichen Gehorsam am besten zu begründen und zu vertiefen versteht.

Jemand hat einmal gesagt: »Vertrauen ist gut, Kontrolle ist besser.« Das halte ich für eine gefährliche Irrlehre, nicht nur, weil es von Lenin stammen soll. Wir können und wir sollen als Menschen Vertrauen in andere und auch in uns selbst haben. Kontrolle kann sich immer wieder als nützlich, auch als notwendig erweisen. Aber Vertrauen ist die Grundlage, ohne die es keinen Gehorsam und

kein funktionierendes menschliches Zusammenleben gibt. Schon der Straßenverkehr funktioniert
nur auf Grundlage des sogenannten Vertrauens-
grundsatzes. Wie sollen da komplexere menschliche Unternehmen florieren, in denen statt Vertrauen nur permanente Kontrolle am Werk ist?

*Systematisches Misstrauen hat ähnlich
negative Folgen für unsere Seele wie ein
Leben in der Lüge. Wer verlernt oder nie
gelernt hat, zu vertrauen, der lebt bald
tatsächlich in einer Welt aus Verrat und
wird bei anderen niemals das Vertrauen
hervorrufen können, das für wirtschaftlichen Erfolg unerlässlich ist.*

Schöpft Kraft aus dem Gebet

Wir Menschen dürfen im Gebet Gott persönlich begegnen. Wir sprechen, wir kommunizieren auf eine besondere Weise mit dem Ursprung unseres eigenen Seins. Wir selbst, als eigene Menschen mit Seele und Persönlichkeit, sind von Gott gewollt. Zugleich ist Gott der Urheber der ganzen Welt, der Schöpfung mit Raum und Zeit und allem, was darin enthalten ist. Deshalb veranlasst das Gebet uns Menschen, von kleinen Dingen weg und auf das große Ganze hinzusehen. Indem wir den Blick über den Alltag heben, Gott preisen und loben, erfahren wir eine Vorwegnahme der Erfüllung unseres Seins bei Gott. Aus dieser Begegnung mit Gott im Gebet schöpfen wir Kraft und finden Möglichkeiten, unseren Alltag mit all den Problemen vom Grundsätzlichen her tiefer und besser zu gestalten.

Führen wir uns diese Qualität des Gebets vor Augen, dann verwundert es nicht, dass diese Kraftquelle heute auch Menschen nutzen, die nicht im klassischen Sinn mit dem Gebet verbunden sind. Auch Menschen, die keine Christen, Juden oder Muslime sind, wenden heute dem Gebet abgelauschte Techniken an, mit denen sie positive

Effekte erzielen wollen. Allerdings würde ich meinen, dass diese Menschen damit unterhalb des Ziels stehen bleiben, das eigentlich mit dem Gebet verbunden ist und das in der Beziehung zu Gott und der Frage nach dem Urgrund unseres Daseins liegt. Vielleicht sind manche sogar in Gefahr, das Gebet zu missbrauchen, wenn sie es allzu zweckgerichtet betreiben, es als Instrument falsch interpretieren, wo es doch die höchste Form der Suche nach Gott und der Kommunikation mit Gott ist.

Wir Menschen gewinnen unsere höchste Würde, indem wir vor unserem Schöpfer stehen, unserem Ursprung, unserem Erlöser, wie wir es als Christen nennen. Wir treten mit ihm in Kontakt, denken, sprechen, singen, feiern. Als Christen bemühen wir uns, diesen wichtigen Aspekt unseres Lebens bewusst wachzuhalten und immer wieder zu pflegen. Deshalb sollten wir nicht der Versuchung erliegen, um wirtschaftlichen Erfolg zu beten.

> *Das Gebet gibt uns übernatürliche Kraft,*
> *die selbstverständlich auch in der Arbeit,*
> *dem unternehmerischen Tun und der*
> *Weltgestaltung wirksam wird.*

Trotzdem, oder gerade deshalb, dürfen wir diese Kraft nicht direkt zum Einsatz zu bringen versuchen. »Lieber Gott, bitte verdopple meinen Finanzgewinn«, ist kein demütiges Gebet. Alles, was zu stark im Materiellen verhaftet ist, kann für sich nicht die Würde beanspruchen, die dem Gebet zu eigen ist. Sind wir in veritable materielle Not geraten, dann dürfen wir im Gebet selbstverständlich die Bitte aussprechen, dass uns geholfen oder die Stärke gegeben werde, um diese Schwierigkeiten zu meistern.

Der materielle Erfolg aber ist in allen Religionen untergeordnet, er soll nicht das Hauptziel des Menschen sein. Das muss gerade in einem Buch, in dem darum geht, mit Gott reich zu werden, hier noch einmal klar ausgesprochen sein. Der größte Reichtum mit Gott ist den Menschen nach dem Tod, im Jenseits, gegeben, wenn der gute und getreue Knecht am Tisch des Herren Platz nehmen darf. Dort entdecken die Menschen dann seinen weit über alles Materielle hinausgehenden Reichtum mit Gott, der in dieser letzten Begegnung viel mehr tut, als uns nur »auszuzahlen«, indem er uns in seiner unendlichen Liebe zu sich nimmt.

Betet nicht um materiellen Reichtum.
Dieses Gebet ist ohne Demut und un-
würdig, und muss daher seinen Zweck
verfehlen.

Gott will aber, dass wir die Welt im Diesseits gestalten. Wenn wir im Buch *Genesis* lesen, dass die
Menschen die Erde bebauen und hüten sollen,
dann spüren wir, dass die Erfüllung dieses Auf-
trages nicht bedeuten kann, nur unter der Palme
zu sitzen und sich die Kokosnuss in den Schoß fallen zu lassen, um sie auszuschlürfen. Eine solche
Trägheit würde dem Begriff der Weltgestaltung
mit Sicherheit nicht gerecht. Der Mensch hat von
Gott die Begabung bekommen, mit der Welt umzugehen und sie zu nutzen. Das ist seine Berufung
und das ist auch der positive Auftrag, um den wir
im Gebet bitten dürfen. »Herr, gib mir den rechten
Weg der Gestaltung dieser Welt«, ist ein demütiges, ein gutes Gebet. Kleine Unterziele dabei zu
sehr zum Gegenstand des Gebets zu machen, ist
der Würde des Gebets nicht zuträglich.

In Fragen des privaten, zwischenmenschlichen
Lebens gilt das allerdings nicht in gleicher Wei-
se. Ich habe selbst einmal erlebt, wie mich eine
Schwierigkeit im Umgang mit Menschen, eine

Feindseligkeit im zwischenmenschlichen Bereich, sehr stark ins Gebet geführt hat, weil ich darunter gelitten und tatsächlich keinen Ausweg mehr gesehen habe. Das Gebet hat mir geholfen, dieses Problem zu überwinden, zwar nicht automatisch, im Sinne von: ich bete, und der liebe Gott beendet dann für mich diese Feindseligkeit, an der ich ja wohl teilweise auch selbst schuld war, das nicht. Aber ich habe Abstand zu den Dingen gefunden, indem ich mich betend an Gott wandte und die Probleme in diesem Zwiegespräch ein Stück weit hinter mir ließ. So gelang es mir, sie gleichsam von einer höheren Warte aus zu sehen. In diesem Sinn liegt die Kraft des Gebets auch darin, eine reflexive Ebene dem eigenen Tun gegenüber einnehmen zu können. Mit Gottes Hilfe kann es dann gelingen, die Begrenztheit des eigenen Standpunktes zu erkennen und zu überwinden.

Betet, um Distanz zu euren Problemen zu gewinnen. Aus dem Abstand des Gebets gewinnt ihr die Perspektive, die ihr braucht, um auch schwierige Probleme zu lösen.

Wir müssen uns das Gebet aber nicht ausschließlich in der Form des Zwiegespräches mit Gott vorstellen. Ich habe auch schon Gespräche mit anderen Menschen mit dem Kreuzzeichen begonnen und mit dem Wort »Ehre sei dem Vater...« beschlossen, weil ich das Gefühl hatte, dass das Gespräch mit meinem Gegenüber so sehr von der Gegenwart des gemeinsamen Ursprungs getragen war, dass es die Bezeichnung Gebet verdiente. Auch die Kommunikation mit anderen können wir so gleichsam in den Rang des Gebets heben.

Das Gebet des Einzelnen in der stillen Kammer wiederum pendelt zumeist zwischen zwei Polen. Da ist einerseits die Versenkung ins Innere, wo wir in der tiefsten Kammer unserer eigenen Person Gott finden, nicht indem wir uns selber zu Gott erklären, sondern weil wir aus Gottes Hand sind. Der andere Pol besteht darin, Gott in der Größe und Schönheit der Welt, der Natur, des Universums zu erblicken. Ganz in diesem Erlebnis hat Immanuel Kant formuliert: »Zwei Dinge erfüllen das Gemüt mit immer neuer und zunehmender Bewunderung und Ehrfurcht: Der bestirnte Himmel über mir und das moralische Gesetz in mir.«

Im *Neuen Testament* heißt es: »Denn wir wissen nicht, worum wir in rechter Weise beten sollen. Der Geist selber tritt jedoch für uns ein mit Seufzen, das wir nicht in Worte fassen können.« (Römerbrief 8,26)

Das heißt, wir müssen uns im Gebet in eine offene Haltung Gott gegenüber begeben und mit der Frage, was wirklich wichtig ist, beginnen. So werden wir auch selbst zum Schluss kommen, dass ein Gebet um wirtschaftlichen Reichtum nicht würdig ist, weil Geld, wie bereits festgehalten, kein Ziel, sondern nur eine mögliche Belohnung für das Erreichen wesentlicherer Ziele ist.

Viele Menschen beten um Gesundheit, und ich denke, dass dieses Gebet würdig ist, solange wir es demütig vollziehen und nicht die sofortige Erfüllung unserer eigenen Wünsche erwarten.

In den 50er- bis 70er-Jahren amtierte in Graz der Priester und Volksprediger Georg Hansemann, von dem in diesem Zusammenhang ein berühmter Ausspruch überliefert ist. In einer Maipredigt in Klagenfurt sagte er einmal mit nasaler Stimme: »Der liebe Gott ist kein Automat, wo oben drei Vaterunser hineingeworfen werden und unten kommt das geheilte Magengeschwür heraus.«

Auch in der Frage der Gesundheit sollten wir also nicht kurzschlüssig beten, sondern zu Gott sagen: »Dein Wille geschehe und nicht der meine.«

Wenn wir uns nun, bei aller Vorsicht, fragen, was das Gebet uns im Hinblick auf unseren wirtschaftlichen Erfolg zu geben vermag, dann fallen mir als erstes die vielen erfolgreichen Persönlichkeiten aus der Wirtschaft ein, die nach Heiligenkreuz kommen, um dort innere Einkehr zu suchen. In unserem Stift ist es möglich, sich beim Gastmeister für einen Besuch anzumelden, der dann fragen wird, was genau der Wunsch des Einzelnen ist, der zu uns findet. Sind es Exerzitien, sind es persönliche Einkehrtage, ist es eine innere Findung oder schöpferisches Handeln? In unserem Kloster sind schon einige Diplomarbeiten, Dissertationen, aber auch Kunstwerke entstanden.

Besonders beliebt ist unser Gästetrakt aber auch bei Menschen mit hoher wirtschaftlicher Verantwortung, die unter Stress stehen und die für ein paar Tage oder Wochen wirkliche Ruhe finden und sich vom Gebet tragen lassen wollen. Oft nehmen diese Menschen am gemeinsamen Chorgebet teil und suchen das Gespräch mit einem Geistlichen, einem Mitbruder, der versucht, ihnen auf bestimmte Fragen eine Antwort zu geben.

Es kommt aber auch vor, dass sie ganz in Ruhe gelassen werden wollen und rein aus der Atmosphäre des Gebets versuchen, ihr Leben und Handeln neu, tiefer, stressfreier und, wenn man so will, moralischer im guten Sinn durchzudenken. In dieser Weise hat, um nur ein Beispiel von vielen zu nennen, auch ein Generaldirektor der Österreichischen Bundesbahnen unser Angebot genutzt. Ich selbst habe schon einige Male nach der Regel des heiligen Benedikt solchen Menschen einzeln oder in Gruppen Exerzitien gehalten.

Meine Erfahrungen damit, was das Gebet für diese im Wirtschaftsleben stehenden Menschen zu leisten vermag, lassen sich mit dem Begriff der Zweckfreiheit zusammenfassen. Das Gebet wird uns letztlich dort am meisten Nutzen bringen, wo es nichts kurzfristig zweckgerichtet ist. Als Befreiung aus dem Reich der Zwecke für die Dauer des Gebets schenkt es uns die Kraft, unsere Zwecke, und dazu gehören auch die wirtschaftlichen, danach wieder mit neuer Kraft zu verfolgen.

> *Der Zweck des Gebets ist seine*
> *Zwecklosigkeit. Versteht ihr das, dann*
> *gewinnt ihr aus dem Gebet Kraft, die euch*
> *Erfolg bringen wird.*

Viele kennen den Ausspruch »Not lehrt beten«. Das ist eine alte Weisheit, und leider scheint es tatsächlich so zu sein, dass Macht und Reichtum oder auch nur politische Freiheit und Wohlstand für den Menschen gefährlich sein können. Sie geben den Menschen die Illusion, dass alles im Leben gut geht, lassen sie den Tod und die Relativität des Lebens allzu schnell vergessen. Im Gegensatz dazu sind Menschen in Not, die mit Armut und Tod direkt vertraut sind, eher dazu geneigt, Gott zu suchen und zu ihm zu beten.

Die Armen kennen die »condition humaine«, die menschliche Grundbedingung, also besser als die Reichen, denn sie haben sie existentiell erfahren. Letzten Endes aber sind wir alle arm. Ebenso wissen Sterbenskranke besser über das Leben Bescheid als die, die unreflektiert ihr Leben dahinplätschern lassen. Daraus können wir die Erkenntnis gewinnen, dass Reichtum, Macht und Diesseitsbezogenheit uns Menschen gefährden können. Diese Gefährdung aber können wir durch die Praxis des Gebets, wenn wir sie richtig üben, bannen. Im Gebet können wir unserer wesenhaften Armut eingedenk vermeiden, dass weltliche Güter zu viel Macht über uns gewinnen und uns von den Grundfragen unserer Existenz ablenken.

Der Existenzphilosoph und Schriftsteller Albert Camus, der kein Christ, aber doch stark vom christlichen Denken beeinflusst war, hat schon zu Beginn seines Lebens die einprägsame Erfahrung der Armut gemacht. Er verbrachte seine Kindheit in Algerien und lernte dort, wie er später schrieb, das Meer, die Sonne und den blauen Himmel als den einzigen Besitz des Armen kennen. Vielleicht liegt es daran, dass seine Schriften manchmal den Charakter von Gebeten zu haben scheinen. So kann Not vielleicht auch im positiven Sinn, im Hinblick auf eine bescheidene Grundhaltung der Welt gegenüber, das Beten lehren.

Es gibt noch eine weitere positive Lektion des Betens, die in unseren Überlegungen bis jetzt zu kurz gekommen ist. Dabei geht es um den rituellen Charakter des Gebets, der besonders deutlich zutage tritt, wenn wir es, wie im Kloster üblich, mehrmals täglich und zu fixen Zeiten praktizieren. Nun könnte manch einer denken, dass dies die Kraft des Gebetes schwächt, es seiner Besonderheit und Einzigartigkeit beraubt.

Aus meiner langjährigen Erfahrung darf ich aber berichten, dass das genaue Gegenteil wahr ist. Wer das Ritual des Betens regelmäßig praktiziert, der dringt tiefer in die Natur des Gebets und damit in seine Beziehung zu Gott ein. Es verhält sich in dieser Hinsicht ähnlich wie mit dem Gehorsam. Ja, vielleicht können wir sogar sagen, dass regelmäßiges Beten eine Art praktische Umsetzung des höchsten Gehorsams, des Gehorsams Gott gegenüber darstellt.

> *Wie der Gehorsam befreit euch auch das konsequent und regelmäßig vollzogene Gebet auf grundlegende Weise von der narzisstischen Selbstbezogenheit, in die wir als moderne Menschen häufig verstrickt sind. Es macht den Kopf frei von Unwesentlichem und stärkt auf diese Weise auch eure praktischen und gestalterischen Fähigkeiten.*

Betrachten wir das Gebet unter diesem Gesichtspunkt, dann wird uns einmal mehr klar, warum es uns auch in wirtschaftlicher Hinsicht von großem Nutzen sein wird, und zwar gerade dann, wenn wir es nicht vordergründig nutzbar zu machen versuchen und damit seiner Kraft berauben.

> *Betet regelmäßig und ihr werdet die Kraft eures Gebets vervielfachen. Im Ritual des Gebets übt ihr Gehorsam als wahrhaftiges Hinhorchen auf das Wort Gottes.*

Übernehmt Schöpfungsverantwortung

Innerhalb der Christenheit gebührt dem ökumenischen Patriarchen von Konstantinopel Bartholomäus I der Verdienst, das Thema der Schöpfungsverantwortung früh erkannt zu haben. Ich kann trotzdem nicht behaupten, dass die katholische Kirche beim Thema Umweltschutz und Nachhaltigkeit eine Vorreiterrolle innegehabt hätte. Damit verhält es sich ähnlich wie mit der sozialen Frage, die die kirchliche Seite 1891 in der päpstlichen Sozialenzyklika *Rerum novarum* erstmals thematisiert hatte.

Zu diesem Zeitpunkt hatten Marx und Engels das Thema schon längst auf ihre Weise abgehandelt. Aber die katholische Kirche ist nun einmal in erster Linie für die Verkündigung der Offenbarung zuständig und kann daher nicht immer sofort auf gesellschaftliche Veränderungen reagieren. Dennoch ist natürlich auch die Kirche gut beraten, gesellschaftliche Transformationen nicht einfach zu ignorieren und zu wesentlichen Fragen Stellung zu beziehen. Während das im Hinblick auf die soziale Frage erstmals zu Ende des 19. Jahrhunderts geschah, dauerte es beim Thema Umweltschutz deutlich länger.

Nach dem Atombombenabwurf auf Hiroshima und Nagasaki war es zunächst der oben genannte Patriarch von Konstantinopel, der den 6. August, den Tag des Bombardements, zum Tag der Schöpfung ausrief. Die katholische Kirche zog theologisch erst in den Achtzigerjahren nach, als die ökologische Bewegung in Europa bereits einige Siege errungen hatte und das Thema eindeutig auf der Tagesordnung stand. Was aber rät die Bibel dem Einzelnen im Umgang mit Ressourcen? Können wir aus einem so alten Buch tatsächlich etwas über ein so modernes Thema lernen?

Von der ökologischen Bewegung wurde den biblischen Religionen, also auch dem Christentum, zunächst vorgeworfen, ein rücksichtsloser Umgang mit der Umwelt wäre Teil ihrer Glaubenslehre.

Als Beleg für diese Behauptung wurde und wird gerne eine Stelle aus dem Buch *Genesis* herangezogen, in der es heißt: »Gott schuf den Menschen also als sein Abbild (...) Gott segnete sie und Gott sprach zu ihnen: Seid fruchtbar und vermehrt euch, bevölkert die Erde, unterwerft sie euch und herrscht über die Fische des Meeres, die Vögel des Himmels und über alle Tiere, die sich auf dem Land regen.« (Das Buch Genesis 1,27f)

Diese Passage wird oft als »Macht euch die Erde untertan« verkürzt. Wird die oben zitierte Stelle aber zusammen mit dem Schöpfungsbericht aus dem zweiten Kapitel gelesen, dann entsteht ein ganz anderes Bild. Dort heißt es nämlich: »Gott, der Herr nahm also den Menschen, setzte ihn in den Garten von Eden, damit er ihn bebaue und hüte.« (Das Buch Genesis 2,15)

Hier kommt die menschliche Verantwortung gegenüber der Schöpfung mit dem Wort »hüten« klar heraus. Wenn wir uns dazu noch in Erinnerung rufen, dass der Heilige Franziskus, der Namenspatron unseres Papstes, den Vögeln, und dessen Schüler, der Heilige Antonius, den Fischen gepredigt hat, dann können wir erkennen, dass es sehr wohl eine christliche Tradition des achtsamen Umgangs mit der Schöpfung gibt.

Mit dem Wort der Schöpfungsverantwortung wurde dann in der jüngeren Vergangenheit der Versuch unternommen, einen Begriff zu bilden, der sowohl dieser Tradition als auch den aktuellen umweltpolitischen Herausforderungen Rechnung trägt. »Las obras de dios tienen preferencia a las obras de hombre«, heißt es auf Spanisch, »Die Werke Gottes haben Vorrang vor den Werken des Menschen.«

Damit ist das Programm klar formuliert. Wir Menschen müssen bei aller schaffenden und nutzenden Tätigkeit Rücksicht darauf nehmen, das Werk Gottes nicht zu gefährden. Wir dürfen das Raumschiff Erde nicht so anbohren, dass es abstürzt. Was aber bringt uns als Individuen, die sich Reichtum schaffen wollen, diese nachvollziehbare Erkenntnis? Ich glaube, aktuell bereits sehr viel und in Zukunft wahrscheinlich noch mehr. Um zu verstehen, warum das so ist, wird es uns helfen, die Art und Weise zu betrachten, in der Klöster wie Heiligenkreuz seit Jahrhunderten nachhaltig und erfolgreich wirtschaften.

Der Begriff der Nachhaltigkeit stammt übrigens aus der Forstwissenschaft des 19. Jahrhunderts. Damals nutzten die Menschen Holz als Ressource im Zuge der Industrialisierung erstmals in großen Mengen. Im deutschen Sprachraum entwickelten sich im Zuge dessen wissenschaftliche Ansätze, die sich mit der Frage beschäftigten, wie die Wälder in einer Art und Weise nutzbar gemacht werden können, die sie nicht zerstört und ihre Substanz nicht angreift. So folgte die Entwicklung des Konzepts der nachhaltigen Forstwirtschaft, das gerade auch Klöster als Besitzer forstwirtschaftlicher Betriebe in die Praxis umsetzten.

Eingangs habe ich gesagt, dass die katholische Kirche ihren Lehren nach kein Pionier des Umweltschutzes war. Ebenso deutlich darf ich sagen, dass Klöster, besonders im deutschsprachigen Raum, sehr wohl Pioniere nachhaltigen Wirtschaftens waren und eigentlich immer noch sind.

Im Jahr 2033 wird das Stift Heiligenkreuz 900 Jahre alt. In dieser ganzen Zeit, besonders aber in den vergangenen 200 Jahren, haben die Menschen die Besitzungen des Stiftes, die Wälder, die Landwirtschaft und den Weinbau wirtschaftlich intensiv und gewinnbringend genutzt, ohne die Umwelt dabei über Gebühr zu strapazieren oder gar zu zerstören.

In der jüngeren Vergangenheit hat unser Stift bezüglich Investitionen in erneuerbare Energien einiges vorzuweisen. In der Steiermark haben wir in unseren Forstbetrieben Kleinwasserkraftwerke errichtet, indem wir die Höhenstufen des Geländes zur Stromgewinnung nutzten. Im Burgenland und in Trumau in der Nähe von Wien investierten wir in die Errichtung von Windkraftwerken. Und im unter meiner Ägide neu gebauten Pfarrhof von Trumau haben wir uns einen Trick unseres Tochterklosters in Stiepel im Ruhrgebiet abgeschaut. Dort wird nämlich schon seit zwanzig

Jahren das Regenwasser aufgefangen, um es für die Klosettspülung zu verwenden.

Die Aufzählung ließe sich noch fortsetzen, aber wir wollen zum, für unser Thema zentralen, Punkt kommen. Wie kann der Einzelne von diesen zweifellos die Umwelt schonenden Innovationen auch wirtschaftlich profitieren?

Auf den ersten Blick erscheint dies schwierig, weil neue Technologien anfangs oft teuer sind und sich erst nach einigen Jahren kostenmäßig amortisieren. So hat zum Beispiel die bereits Anfang der Achtzigerjahre vom Stift getätigte Investition in den Bau des ersten österreichischen Holzheizkraftwerkes, das mit Abfällen des Sägewerks Fernwärme produziert, durchaus nicht gleich Gewinn abgeworfen.

Den neuen, umweltfreundlichen Technologien ist es allerdings eigen, eine Art positiven Schneeballefekt zu erzeugen. Das Thema ist medial und öffentlich mittlerweile so eindeutig positiv besetzt, dass mehr und mehr Menschen das Bedürfnis nach sauberer Energie und einem schöpfungsverantwortlichen Lebenswandel verspüren, für den sie auch bereit sind, ein bisschen mehr Geld auszugeben. Die Zunahme der Bedeutung des Transparenzprinzips hat, gerade im deutschen

Sprachraum, dazu geführt, dass immer mehr Firmen Umweltschutz und biologische Produktionsweise offensiv betreiben und als wesentlichen Teil des Produktimages zu verankern suchen.

Natürlich müssen wir gerade hier auch immer darauf achten, nicht auf bloße Werbegags hereinzufallen. Die Popularisierung des Umweltschutzes birgt nämlich auch die Gefahr, dass das Thema verwässert und nur noch für oberflächliche Kampagnen missbraucht wird. Dennoch denke ich, dass die große öffentliche Aufmerksamkeit für Schöpfungsverantwortung im Zusammenspiel mit gestärkter Transparenz letztlich sehr positive Effekte zeitigt. Genau von diesen positiven Effekten kann profitieren, wer die Zeichen der Zeit rechtzeitig erkennt.

Lebt und arbeitet schöpfungsverantwortlich. Ihr rettet damit nicht nur den Lebensraum eurer Kinder, sondern steht auch wirtschaftlich auf der Gewinnerseite.

Auch ich habe die Schöpfungsverantwortung früher einmal eher für ein »weiches« Thema gehalten, das zunehmende ethische Bedeutung hat, sich aber nicht sofort in harte wirtschaftliche Fakten umsetzen lässt. Im Zuge meiner Tätigkeit als Aufsichtsratsvorsitzender beim kirchlichen Bankhaus Schelhammer & Schattera wurde ich aber schnell und gründlich eines Besseren belehrt.

Als wir nämlich vor nunmehr zehn Jahren an die Ethisierung unserer Investmentfonds gingen, erlebte ich eine Überraschung. Wir hatten es uns zum Ziel gesetzt, ethisch bedenkliche Aktien aus unserem Portfolio zu streichen, um unseren Anlegern ein ethisch einwandfreies, zugleich aber natürlich auch ein profitables Investment zu ermöglichen. In gewisser Hinsicht haben wir also schon damals versucht, in die Bankenpraxis einzuführen, was Thema dieses Buches ist, nämlich das Reich-werden mit Gott.

Was ich damals nicht erwartet hatte, war, dass die als risikoreiche Branchen verschrienen Bereiche der Wind- und Solarkraft durchaus ansprechende Gewinnmargen aufwiesen. Diese Bereiche waren zwar wirtschaftlich betrachtet noch verhältnismäßig klein und wenig entwickelt, zählten aber ganz klar zu den Wachstumsbranchen, während einstmalige Zugpferde, wie etwa die Tabakbranche, bereits zu lahmen begannen. Offensichtlich waren wir nicht die Einzigen, die zu dieser

Zeit eine Ethisierung ihres Portfolios betrieben, ob das jetzt programmatisch oder nebenbei passierte. Wie immer in der Finanzwirtschaft erzeugte eine solche Verhaltensänderung dynamische Effekte, die Auswirkungen auf die Gewinnspannen der jeweiligen Branchen hatten.

Überrascht war ich damals von der Möglichkeit, auch relativ kurzfristig Profit mit Schöpfungsverantwortung zu machen. Dass es langfristig gar keinen anderen Weg geben wird, habe ich hingegen auch in dieser Zeit schon vermutet. Die fossilen Brennstoffe gehen zu Ende, und der Umbau der Wirtschaft auf erneuerbare Energien kann nur eine Frage des Wie und des Wann, aber nicht mehr des Ob sein. Schließlich sind auch die unmittelbaren Folgen für das Klima heute schon so klar erkennbar und wissenschaftlich vielfach belegt, dass nur noch die Verbohrtesten glauben, das Thema ignorieren zu können. Wer also heute blind weitermacht, ohne diese Fragen in seine wirtschaftliche Kalkulation einzubeziehen, der wird bald ein böses Erwachen erleben. Einige Firmen haben bereits einschlägige Erfahrungen in dieser Richtung gemacht.

Der Öl-Riese BP etwa verzeichnete nach der Umweltkatastrophe im Zusammenhang mit einer

Bohrinsel im Golf von Mexiko im Jahr 2010 katastrophale Umsatzeinbußen. Der Wert der BP-Aktie halbierte sich innerhalb kurzer Zeit. Denn die Menschen fuhren in großer Zahl nicht mehr zu den Tankstellen der Firma, weil sie sich nicht an der von BP verursachten Katastrophe mitschuldig fühlen wollten. Natürlich kann es auch sein, dass die Firma BP hier ein wenig Pech gehabt hat, denn andere Unternehmen mit umweltpolitisch ebenso fragwürdigen Geschäftspraktiken rückten nicht so sehr in den Fokus der öffentlichen Aufmerksamkeit.

Dennoch bin ich sicher, dass es sich dabei in Zukunft eher um die Regel, als um eine Ausnahme handeln wird. Mit der Zunahme an mit dem Klimawandel verbundenen Umweltkatastrophen auch in den Industriestaaten wird das Thema Schöpfungsverantwortung noch an Dringlichkeit gewinnen. Unternehmungen, die das ignorieren, könnten sich schneller als ihnen lieb ist, wirtschaftlich abgehängt sehen.

Über diese mit gesellschaftspolitischen Überlegungen verknüpften Aspekte hinaus, hat das Thema Schöpfungsverantwortung für jeden von uns noch ein verstecktes Potential, das wir nicht vernachlässigen sollten. Das Thema der positiven inneren Einstellung, der Freude am Tun und der daraus resultierenden Produktivitätssteigerung haben wir bereits in den vorherigen Kapiteln gestreift. Im Zusammenhang mit Schöpfungsverantwortung kehrt es noch einmal unter einem anderen Gesichtspunkt wieder.

Das Gefühl, im Einklang mit der göttlichen Schöpfung zu stehen, sie zu hüten und gleichzeitig nutzbar zu machen, ist ein nicht zu unterschätzender Motor für wirtschaftliches Handeln.

Denken wir nur daran, mit welch großem zeitlichen und finanziellen Aufwand viele Menschen in ihrer Freizeit bemüht sind, ein solches Gefühl der Harmonie herzustellen. Fernöstliche Meditationstechniken, Massagen oder von Schamanen geführte Wanderungen durch den Wald sind heute auch deshalb so gefragt, weil die Menschen spüren, dass ihnen ohne das Gefühl des Einklangs mit der Schöpfung etwas für ihre Existenz Entscheidendes fehlt.

Wer sich aber in die Lage bringt, das Prinzip der Schöpfungsverantwortung in seine Arbeit zu integrieren und hier positive, stärkende Erfahrungen zu sammeln, der handelt nicht nur nach den Worten der Heiligen Schrift. Ihm gelingt es auch, einen Zustand der Ausgeglichenheit produktiv zu machen, den andere bestenfalls in der Rekreation zu erlangen vermögen.

Macht Schöpfungsverantwortung zu eurem inneren Motivationsmotor. Gelingt euch das, dann erspart ihr euch viel von dem, was andere für ihren »Ausgleich« ausgeben.

Seid fleißig und erlangt Würde in eurer Arbeit

Es ist ein leider ziemlich weit verbreiteter Irrtum, dass Fleiß etwas für Dumme ist, weil der Geniale auch ohne ihn Höchstleistungen erbringt.

> *Es dürfte eher so sein, dass wir für großen Erfolg, auf welchem Gebiet auch immer, 95 Prozent Fleiß und einen Schuss Genialität von nicht mehr als 5 Prozent benötigen.*

Dafür sprechen in erster Linie die Aussagen und Trainingsprotokolle vieler erfolgreicher Spitzensportler, Musikvirtuosen und Nobelpreisträger. Die Erkenntnis stimmt aber auch mit der christlichen Lehre überein. Gott pflanzt zwar den Samen des Talents in uns ein. Dafür, ob die Saat aufgeht, sind wir aber selbst verantwortlich. Daraus ergibt sich, dass es sich beim Fleiß um eine Tugend handelt, die wir nicht gering schätzen sollten. Schon der Auftrag aus dem *Alten Testament* zur Gestaltung der Welt legt nahe, dass wir ohne Fleiß die von Gott in uns gesetzten Erwartungen nicht werden erfüllen können.

Allerdings muss sich zum Fleiß, wie zu den anderen Tugenden, die Demut gesellen.

Demutsloser Fleiß birgt Gefahren.
Er kann in Hoffart umschlagen, die
Überschätzung der eigenen Fähigkeiten.

Die Hoffart ist nach christlichem Verständnis eines der acht Hauptlaster. Daneben gibt es noch Völlerei, Unzucht, Geiz, Zorn, Traurigkeit, Trägheit und Stolz. Später definierte Gregor der Große, mein Namenspatron, den Stolz als die giftige Wurzel, aus der sieben Hauptsprossen hervortreten. Diese sieben Hauptsprossen wurden dann zum Katalog der Hauptsünden zusammengestellt und oft bildlich dargestellt.

Unter diesen sieben Punkten ist vor allem der Begriff der Hoffart heute ungebräuchlich geworden und jüngeren Menschen oft gar nicht mehr bekannt. Daraus sollten wir nicht voreilig ableiten, dass die Hoffart in unserer Gesellschaft keine Rolle mehr spielt. Eher schon könnte das Gegenteil wahr sein. Denn solange ein Laster in einem Wort gebannt ist, ist es zumindest bezeichnet. Wir können uns dann damit auseinandersetzen und uns bemühen, ihm nicht zu verfallen. Geht ein Wort aber verloren, weil es nicht mehr verwendet wird, dann gibt es Grund zur Annahme, dass das damit bezeichnete Laster nur häufiger und damit umso gefährlicher geworden ist.

In der *Benediktsregel* gibt es eine Stelle, an der es heißt: »Ich befasse mich nicht mit Dingen, die mir zu hoch und zu wunderbar sind.« Der Hoffärtige aber hat die Tendenz, sich in Höhen hinaufkatapultieren zu wollen, die dem Menschen nicht angemessen sind.

Demutsloser Fleiß kann zu Selbst-
überschätzung sowie dazu führen,
dass wir abheben und den Boden unter
den Füßen verlieren.

»Ohne mich geht gar nichts«, sagt etwa der hoffärtige Mitarbeiter eines Unternehmens. Er hält sich für unersetzlich und unternimmt in der Folge vielleicht sogar Schritte, um sich tatsächlich unersetzbar zu machen, indem er Informationen nicht weitergibt.

Dieses Phänomen kennt schon der Heilige Benedikt in seiner Regel: »Wird aber ein Handwerker im Kloster überheblich, weil er sich auf sein berufliches Können etwas einbildet und meint, er bringe dem Kloster etwas ein, werde ihm seine Arbeit genommen.«

Auch in der Politik erleben wir oft fleißige Menschen, die selbst große Leistungen vollbringen, aber niemanden neben oder unter sich aufkommen lassen, der einmal an ihre Stelle treten könnte. Wenn sie dann irgendwann endlich doch zurücktreten oder in Ruhestand gehen, klafft nach ihnen ein Loch, worüber sie sich auch noch heimlich freuen. Wir dürfen annehmen, dass sie sich der Sünde der Hoffart, wahrscheinlich auch des Stolzes, schuldig gemacht haben und deshalb nicht erkennen, dass das Fehlen eines Nachfolgers ihnen als Versagen anzukreiden ist.

> *Seid fleißig, aber nicht hoffärtig. Wenn*
> *ihr euch selbst überschätzt, macht ihr*
> *den Erfolg zunichte, den euer Fleiß euch*
> *schenkt.*

Damit verwandt ist die Gefahr, durch demutslosen Fleiß zu dem zu werden, was wir heute unter dem Begriff des »Workaholic« kennen. Das sind bekanntlich jene Menschen, die nur noch in ihrer Arbeit Befriedigung finden und darüber nicht nur ihr gesamtes soziales Umfeld, sondern auch sich selbst vernachlässigen. Wie der dem Alkoholismus abgelauschte Begriff andeutet, ist der »Workaholic« oft tatsächlich süchtig nach Arbeit im Sinne eines Krankheitsbildes. Ist dieses Stadium bereits erreicht, ist es für moralische Ermahnungen natürlich zu spät. Dann nützen nur mehr therapeutische Maßnahmen.

Auf dem Weg in diesen Zustand, also dort, wo der Einzelne noch Herr über seine Entscheidungen ist, sollte er sich hingegen vergegenwärtigen, dass die Anbetung der Arbeit ebenso eine Vergötzung darstellt wie die Anbetung des Mammon. Die Arbeit hat einen zentralen Stellenwert für das Leben des Menschen, aber sie ist nicht alles. Wer seine Arbeit über alles stellt und keine Tage der Rast und Besinnung kennt, wie es zum Beispiel der Sonntag als Tag des Herrn sein sollte, der begeht eine schwere Sünde.

Außerdem handelt er zumindest langfristig wirtschaftlich unklug. Ohne das Wechselspiel von Konzentration und Entspannung verliert der Mensch, der doch keine Maschine ist, die Frische, die er benötigt, um Höchtleistungen zu erzielen. Chronische Müdigkeit, Krankheit wie etwa Burn-Out oder der Griff zu gesundheitsschädigenden Aufputschmitteln sind oft die Folge.

Leider ist der »Workaholismus« ein Laster, das anfangs oft belohnt und dadurch verstärkt wird. Den bloß Fleißigen vom »Workaholic« zu unterscheiden, ist von außen kaum möglich. Die Betroffenen werden sich ihr Verhalten lange Zeit auch selbst als positiven Arbeitseifer und berufliches Verantwortungsbewusstsein schönreden. Erst wenn ihre sozialen Beziehungen wegbrechen und sie ihre Unfähigkeit bemerken, noch in irgendetwas anderem als ihrer Arbeit Bestätigung zu finden, dämmert ihnen vielleicht, in welche Sackgasse sie geraten sind.

Gegen diese Gefahr hilft nur, auch in Zeiten, in denen sehr viel Arbeit anfällt, bewusst Auszeiten zu nehmen und Ausgleich zu suchen, um nicht in einen sich selbst verstärkenden negativen Prozess zu geraten.

Hütet euch vor der Sünde des
»Workaholismus«. Wer manisch arbeitet,
setzt nicht nur seinen Erfolg, sondern
auch sich selbst aufs Spiel.

Kehren wir aber zur Tugend des demütigen Fleißes zurück. Während die Annahme grundfalsch ist, dass der Geniale nicht fleißig zu sein braucht, stimmt die Annahme, dass der weniger Begabte durch konsequenten Fleiß viel von seinem Manko wettmachen kann. Allerdings sind wir beim Thema Fleiß, wie überall, auch ein Stück weit auf unsere Natur zurückgeworfen. Es gibt nämlich auch eine Begabung zum Fleiß, die ebenso ungleich verteilt ist wie alle übrigen Begabungen.

Ich selbst kann ein Lied von diesem Umstand singen. Zweimal musste ich in meiner Schulzeit ein Jahr wiederholen, obwohl mich meine Lehrer für meine Auffassungsgabe durchaus geschätzt haben. Diese Wertschätzung verkehrte sich schließlich in Ärger über den faulen Schüler, der offenbar glaubte, sich auf seinen Talenten ausruhen zu dürfen und damit Schiffbruch erlitt. Nun haben mir die zwei Extrajahre zwar nicht geschadet, es war eine geschenkte Zeit, die ich mit meinen Eltern verbringen konnte. Trotzdem habe ich mich natürlich darüber geärgert, ohne jedoch meine Neigung zur Faulheit jemals dauerhaft ablegen zu können.

Nach der Schulzeit gelang es mir wenigstens vermehrt, mich punktuell zu echtem Fleiß zu motivieren, wenn große Prüfungen im Studium oder andere wichtige Aufgaben anstanden. Das beste Mittel gegen mangelnden Fleiß lernte ich aber erst in meiner Zeit bei der Firma Schenker kennen. Dort nämlich waren meine Vorgesetzten selbst so fleißig und zugleich so große Respektspersonen für mich, dass ich es als tiefe Schande empfunden hätte, wenn sie mich als faul erlebt hätten. Von einem Bekannten erfuhr ich damals, dass ein Kollege über mich gesagt hatte, ich würde wie ein Schwein arbeiten. »So schlecht oder so dreckig?«, fragte ich meinen Bekannten. In Wirklichkeit wusste ich, dass es sich bei diesem Ausspruch um ein Kompliment für hohen Arbeitseifer handelte.

Ich muss auch zugeben, dass die enorm arbeitsintensive Zeit bei Schenker in Barcelona bei mir ein Gefühl großer innerer Zufriedenheit hinterließ, wohl weil ich das erste Mal den Eindruck hatte, meine Faulheit wirklich überwunden und mich fleißig in den Dienst einer nützlichen Sache gestellt zu haben.

Aus diesem Beispiel können wir zweierlei lernen: Zum einen, dass wir, wenn wir zur Faulheit neigen, uns in ein Umfeld begeben sollten, in dem wir gleichsam strukturell zum Fleiß angespornt werden. Zum anderen, wie wichtig es für uns als Vorgesetzte ist, in puncto Fleiß mit gutem Beispiel voranzugehen, wenn wir diese Tugend auch in unseren Mitarbeitern wachrufen wollen.

Wenn ihr Fleiß verlangt, seid selbst noch
fleißiger. Nichts spornt den Fleiß so sehr
an wie ein gutes Vorbild.

In den theologischen Lehren von Papst Franziskus und Papst Johannes Paul II. spielt der Fleiß insofern eine bedeutende Rolle, als beide die Würde des Menschen stark in seiner Arbeit begründet sehen. Dieser Blickwinkel hat tiefe theologische Wurzeln. Schon vom Heiligen Paulus ist der Satz »Wer nicht arbeiten will, soll auch nicht essen« (2. Thessalonicher 3,10) übermittelt. Die Schöpfung ist in dieser Perspektive nichts einfach Konsumierbares, sondern etwas, das wir durch fleißige Arbeit zu gestalten haben. Nur dadurch kommen wir als Menschen ganz zu uns und werden unserer »condition humaine«, der menschlichen Grundbestimmung, gerecht. Wir werden später noch auf das Thema »Selbstverwirklichung« kommen.

Auch Jesus von Nazareth war ja der Ziehsohn eines Zimmermanns. In einer Skulptur von Giovanni Giuliani in der Bernardi-Kapelle des Heiligenkreuzerhofes in Wien ist der kleine Jesus zu sehen, wie er mithilfe seines Ziehvaters Josef ein Holzkreuz fertigt. Solche Darstellungen waren äußerst beliebt und verweisen auf die enge Verbindung, die Jesus Christus zum Handwerk und zur ehrlichen Arbeit empfand. In der zweiten Hälfte des 20. Jahrhunderts machte die Kirche den 1. Mai dann zum Tag Josefs des Arbeiters. Natürlich war das eine Reaktion auf die ältere Tradition des von der politischen Arbeiterbewegung geschaffenen Tages. Aber die Kirche setzte damit ein Zeichen, dass der Wert der Arbeit auch für sie eine zentrale Rolle spielt und an einem eigenen Tag gewürdigt werden soll.

Dass allerdings ein Papst selbst eine Vorgeschichte als Arbeiter haben kann, ist eher eine Entwicklung der jüngsten Vergangenheit. In früheren Zeiten entstammten die Päpste meist alten Adelsgeschlechtern und hatten ihren Lebensunterhalt nicht selbst verdienen müssen, bevor sie ins geistliche Leben eintraten.

Johannes Paul II. aber arbeitete während des 2. Weltkriegs manuell in einer Chemiefabrik, bevor er ins Priesterseminar eintrat. Und auch Papst Franziskus betonte in einem Interviewbuch, wie wertvoll für ihn die Zeit war, die er als junger Mann als Angestellter in einem wirtschaftlichen Betrieb arbeitend verbracht hatte. Die beiden könnten insofern als Arbeiterpäpste tituliert werden, und tatsächlich spielen Fleiß und Arbeit in ihren Schriften und Äußerungen eine bedeutende Rolle.

Äußerst fleißige Menschen leiden allerdings manchmal unter dem Problem, dass ihr Fleiß ihren Ehrgeiz zu stark anstachelt. Da im Wort Ehrgeiz der Geiz enthalten ist, ahnen wir schon, dass er durchaus problematisch sein kann. Übermäßig ehrgeizige Menschen, die unbedingt etwas werden wollen, scheitern oft an ihren Zielen, weil es ihnen an Unterstützern, aber auch an Entspanntheit mangelt. Wer zu deutlich zu erkennen gibt, dass er hoch hinaus will, macht sich zumeist unbeliebt und hat im entscheidenden Moment nicht die Helfer an seiner Seite, die er für den Erfolg brauchen würde.

Tritt zum Beispiel eine klösterliche Gemeinschaft zusammen, um einen neuen Abt zu wählen, dann sind es interessanterweise selten die Emsigen, Ehrgeizigen, die über die besten Wahlchancen verfügen. Ein alter Spruch besagt: » Der Abt soll nicht zu fromm, zu gelehrt und zu gesund sein.«

In einem Buch, das vor Jahren einmal über das Stift Heiligenkreuz entstanden ist, schrieb der Autor, kein Moment im Leben eines Klosters sei so spannend wie der vor der Wahl eines neuen Abtes. Die Ausgangslage schilderte er dabei folgender maßen: Alle sind sich einig, dass der, der es unbedingt werden will, es unter keinen Umständen werden darf. Stattdessen soll einer Abt werden, der es gar nicht anstrebt. Da das aber alle wissen, beginnen jene, die es eigentlich werden wollen, sich zu tarnen als die, die es nicht werden wollen. Die anderen aber, die es wirklich nicht werden wollen, wissen nicht recht, wie sie sich tarnen sollen. Die Gabe des Heiligen Geistes an die Mönche besteht mithin darin, sie die echten von den unechten Tarnungen unterscheiden zu lassen, um den am besten geeigneten Mitbruder zum Abt zu wählen.

Aus dieser zugespitzten Schilderung können wir lernen, dass der Fleiß in sozialer Hinsicht ein zweischneidiges Schwert ist. Einerseits kann er vorbildlich und motivierend wirken, andererseits kann er, zum Ehrgeiz werdend, unseren Zielen paradoxerweise auch im Wege stehen. Letztlich verhält es sich wohl ähnlich wie mit dem Umgang mit Geld, der ebenso zwei Gesichter hat. Setzen wir das Geld richtig ein, dann ist es eine positive Kraft, ja ein Vermögen. Haften wir dem Geld aber zu sehr an, dann verformt es uns. Wir sollten darauf achten, dass die Tugend des Fleißes uns nie verhärtet, nie dominant unseren sozialen

Tugenden gegenüber wird. Sonst besteht die Gefahr, dass sie uns als Hoffart, Stolz oder übergroßer Ehrgeiz die Lockerheit raubt, die eine wichtige Voraussetzung für die Erlangung unserer Würde in der Arbeit und für jeden wirtschaftlichen Erfolg ist.

Seid fleißig, aber nicht zu ehrgeizig.
Übertriebener Ehrgeiz verhärtet euch
und macht euch in eurem Arbeitsumfeld
unbeliebt.

Habt Hoffnung und gebt nie auf

Für den wirtschaftlich handelnden Menschen hat die Hoffnung eine doppelte Bedeutung. Da sie neben Glaube und Liebe eine der drei göttlichen Tugenden ist, sollte uns das nicht verwundern. Einerseits gibt es natürlich die weltliche Hoffnung. Das ist die Hoffnung auf den Erfolg unserer Unternehmungen und Projekte, die wir haben dürfen und sollen, solange sie nicht zu einer einseitigen Fixierung wird, die zwanghaft alles dem Willen zum Erfolg unterordnet.

Andererseits gibt es jene Form der Hoffnung, die über das Leben im Diesseits hinausweist. Diese wahrhaft christliche Hoffnung auf ein Leben bei Gott als Ziel unseres Lebens kann, richtig verstanden, ebenfalls einen positiven Einfluss auf unser diesseitiges Denken und Handeln entfalten. An ihr lassen sich Sorgen und Probleme ebenso relativieren, wie wir durch sie der Hoffnung auf weltlichen Erfolg das rechte Maß verleihen können. Denn alle im Leben zu erreichenden Erfolge sind klein im Vergleich zu dem Geschenk, am Ende unseres Lebens unserem Schöpfer gegenübertreten zu dürfen. Berücksichtigen wir diese wesentliche Einschränkung, dann ist es selbstverständlich positiv und gottgefällig, im Diesseits Pläne zu schmieden, gestaltend tätig zu sein und uns dabei von der Hoffnung auf das Gelingen unserer Unternehmungen anspornen zu lassen. Ohne Hoffnung auf das Eintreten zukünftiger Ereignisse, ohne unternehmerischen Weitblick, bliebe wohl jeder Wirtschaftstreibende handlungsunfähig. Was glaube ich erhoffen zu können, in der Entwicklung meines Unternehmens, in der Leistungsfähigkeit, im Erfolg bei den Kunden? Diese Frage wird immer ein wichtiger Ansporn sein. Ebenso sind wir als Angestellte auf positive innere Bilder und die Hoffnung auf das Gelingen unserer Anstrengungen angewiesen, wenn wir produktiv und leistungsorientiert tätig sein wollen.

> *Wagt zu hoffen. Eure Hoffnung gibt euch Kraft, macht euch leistungsfähig und erfolgreich.*

Prof. Oberparleiter, Lehrender an der Hochschule für Welthandel, hat das Buch *Funktionen und Risiken des Warenhandels* geschrieben. Dieses war in meiner Studienzeit Pflichtlektüre. Das Wort »Funktionen« deckt hier den Hoffnungsaspekt ab und damit die Frage der Zukunftsperspektiven, des Ausblicks darauf, was ich tun will und womit ich glaube, zukünftig Erfolg zu haben. Zur gestaltenden Planung gehört allerdings immer auch das Bewusstsein möglicher Risiken. Gelungenes Risikomanagement bedeutet unter diesem Blickwinkel nichts anderes, als Unternehmungen anzugehen, bei denen der Hoffnungsaspekt, also die positiven Aussichten, überwiegen und gleichsam nicht von den Risiken »aufgefressen« werden. Zugleich ist nicht nur der unternehmerisch Handelnde, sondern eigentlich jeder im Arbeitsleben stehende Mensch darauf angewiesen, neue Hoffnungen schöpfen zu können und ihre Realisierung zu erstreben, wenn Risiken schlagend geworden und Unternehmungen gescheitert sind.

Die USA scheinen, was die Mentalität betrifft, uns Europäern gegenüber in puncto Hoffnungsfreude einen Vorsprung zu haben. In den Vereinigten Staaten gilt es nämlich als selbstverständlich, dass ein Unternehmer nach ein oder zwei gescheiterten Versuchen, mit seinen Ideen Profit zu erwirtschaften, nicht aufgibt sondern mutig neue Anläufe startet. Das Erneuern der Hoffnung auf Erfolg trotz Rückschlägen und vermeintlichen oder tatsächlichen Niederlagen scheint dort zur Grundausstattung unternehmerisch tätiger Menschen zu gehören. In Europa kann es uns eher passieren, dass wir belächelt werden, wenn wir trotz auftretender Schwierigkeiten unseren Weg fortsetzen. In Konkurs zu gehen scheint hierzulande fast als charakterliches Defizit zu gelten, während es in den USA eher als Ausweis dafür gesehen wird, dass jemand bereit ist, unternehmerische Risiken einzugehen, um sein wirtschaftliches Glück zu machen.

> *Lasst euch von Misserfolgen nicht die Hoffnung rauben. Nur wer immer wieder von Neuem hofft, wird schließlich Erfolg haben.*

Hoffnung sollte nachhaltig sein und uns die Kraft geben, auch auf neue und unerwartete Situationen zukunftsorientiert und flexibel zu reagieren. In diesem Sinne stehe ich allerdings der ebenfalls aus den USA kommenden Parole des »Think positive«, des positiven Denkens um fast jeden Preis, eher reserviert gegenüber. Ich möchte lieber an der Tugend der Hoffnung festhalten. Positives Denken ist zwar grundsätzlich sicher nichts Schlechtes, bekommt aber in so manchem Management- und Lebensratgeber den Anstrich der Selbstprogrammierung, die mir nicht mit der Lockerheit und geistigen Flexibilität vereinbar scheint, die ich für Erfolg und Glück gleichermaßen als notwendig erachte.

Dazu gehört auch, dass unsere Hoffnungen immer unserer realen Lebenssituation angepasst sein sollten. Das heißt natürlich nicht, dass wir nie nach den Sternen greifen oder über unseren Tellerrand blicken dürfen. Es bedeutet nur, dass weltliches Hoffen nur dann eine Tugend darstellt, wenn es nicht im luftleeren Raum angesiedelt ist, sondern auf einer vernünftigen Einschätzung unserer Möglichkeiten beruht.

So wird zum Beispiel ein 25-jähriger, alleinstehender Mensch ohne Verpflichtungen selbstverständlich andere Hoffnungen haben und auch andere Risiken eingehen dürfen, als etwa ein 40-jähriger Familienvater, der vielgestaltige Verantwortung trägt. Ersterer wird mehr wirtschaftliches Risiko seiner Unternehmungen verantworten können, weil es vorerst nur seine eigene Zukunft ist, auf die sich seine Handlungen beziehen. Letzterer hingegen muss seine Verantwortlichkeiten mit einkalkulieren und kann nicht so einfach Risiken eingehen, die den Lebensunterhalt seiner Familie aufs Spiel setzen. Das bedeutet nicht, dass nicht auch er Hoffnungen haben darf und soll. Als demütiger Mensch wird er sie jedoch mithilfe der Tugend der Klugheit so wählen, dass ihre Verfolgung keine unverantwortbaren Risiken kreiert.

> *Wählt eure Hoffnungen klug. Die demütige Hoffnung wird euch weiter tragen als die unbedachte.*

In diesem Zusammenhang sollten wir auch noch einmal auf den Begriff der Selbstverwirklichung zu sprechen kommen. Papst Johannes Paul II. ist in gewisser Weise ein Risiko eingegangen, nämlich das Risiko, missverstanden zu werden, als er diesen Begriff in seiner 1981 erschienenen Sozialenzyklika *Laborem exercens* verwendet hat. Auch ein Papst geht also Risiken ein, und er tat es wohl in der berechtigten Hoffnung, von der Mehrheit der Leser richtig verstanden zu werden.

Recht verstandene Selbstverwirklichung zählt bestimmt zu den Dingen, auf die der Mensch hoffen und die er in seiner Arbeit zu erreichen trachten soll. Selbstverwirklichung im christlichen Sinn bedeutet: Das herausfinden und in mein eigenes Leben umsetzen, wie Gott mich von Ursprung an gemeint hat. Allerdings wurde der Begriff der Selbstverwirklichung auch oft egoistisch gewendet. Zahllose Familien und stabile soziale Beziehungen sind in der Folge daran zerbrochen, dass jemand davon überzeugt war, sich buchstäblich um jeden Preis selbtverwirklichen zu müssen.

Im Zusammenhang mit dem Wunsch nach Selbstverwirklichung ist ein Mangel an Demut besonders bedauerlich und hinterlässt besonders schlimme Flurschäden. Hierin erweist sich noch einmal, dass wir auch die große Tugend der Hoffnung als soziale Tugend verstehen und leben müssen, wir unser Umfeld dabei niemals ignorieren dürfen. Verstehen wir den Begriff der Selbstverwirklichung entsprechend demütig als das Streben nach »dignitas«, nach der Erlangung unserer Würde in Leben und Arbeit, dann gehört sie allerdings zu den tugendhaftesten Hoffnungen überhaupt.

> *Verwirklicht euch selbst, aber tut es demütig und mit Gott. Nur wenn Ihr eure Nächsten miteinbeziehit, werdet ihr ganz zu euch selbst finden.*

Als ich in Frankfurt in der Organisationsabteilung der Firma Schenker tätig war, begann gerade das

Zeitalter der elektronischen Datenverarbeitung. Die verschiedenen Arbeitsgebiete der Firma mussten also nach heute ganz altertümlich scheinenden Methoden mithilfe sogenannter Lochkarten auf EDV-Systeme umgestellt werden. In meine Zuständigkeit fiel damals das Problem der Umstellung der sogenannten »Airway Bill«, des Luftfrachtbriefes, der das entscheidende Dokument für alle am Lufttransport beteiligten Spediteure, Lieferanten und Kunden darstellt. Es handelte sich dabei um einen sehr komplizierten Formularsatz mit etlichen Durchschlägen, der damals in den 1970er-Jahren computertauglich gemacht werden sollte.

Bei meinen Bemühungen auf diesem Gebiet wurde ich, wie ich mich noch heute erinnere, unermüdlich von der Hoffnung angetrieben, es möge mir gelingen, eine komplette, aber zugleich kompakte Lösung für das Problem der Airway Bill zu finden. Als ich dann auf der internationalen Messe der EDV-Hersteller in Hannover die ideale Maschine für diesen Zweck ausfindig machen und unsere Daten so darstellen konnte, dass wir die Airway Bill früher als unsere Konkurrenten elektronisch bearbeiten konnten, erfüllte sich diese Hoffnung auf eine Weise, die mir das Gefühl der

Selbstverwirklichung in meiner Arbeit verschaffte. Aus diesem Erfolg gewann ich wiederum neue Hoffnung, auch zukünftigen Herausforderungen gewachsen zu sein und meine Ziele zu erreichen. Daran sehen wir, dass die Hoffnung zu den Tugenden gehört, die sich bei richtigem Gebrauch vermehren.

Zu den besonders erfreulichen Erfolgserlebnissen gehört es, wenn unsere Hoffnungen sich manchmal sogar übererfüllen. So ging es mir einige Jahre nach der Geschichte mit der Airway Bill, als ich im spanischen Zweig meiner Firma eine Lehrlingsausbildung initiierte. Zuvor hatten die Lehrlinge sozusagen nur durch »training on the job« gelernt. Das hatte zwar funktioniert, aber ich war doch der Meinung, dass sich das Qualifikationsniveau unserer Mitarbeiter durch eine gezielte Ausbildung noch steigern ließe. Bei diesem Plan, der keinen unmittelbaren Gewinn abzuwerfen versprach, ließ ich mich von der Hoffnung leiten, dass den Lehrlingsausbildnern keine allzu großen Mühen entstehen würden und die Firma mittel- und langfristig von den besser ausgebildeten jungen Mitarbeitern profitieren möge.

Als mir die Idee kam, einen Preis für jenen Lehrling auszuloben, der nach Meinung seiner

Ausbildner am meisten gelernt hatte, erlebte ich eine positive Überraschung. Unser Filialleiter in Bilbao teilte mir auf meine Anfrage hin mit, selbstverständlich habe er selbst bei diesem Programm am meisten gelernt. Denn um alles korrekt vortragen und an seine Lehrlinge weitergeben zu können, war er gezwungen gewesen, seine eigenen Arbeitsprozesse noch einmal ganz neu zu analysieren und aufzubereiten. So hatte er Schwachstellen in den Abläufen erkennen und beheben können, und seine eigene Produktivität war ebenso gestiegen wie die seiner Lehrlinge.

An diesem Beispiel können wir eine weitere Qualität der Tugend der Hoffnung erkennen: Hoffnung schenkt uns die Fähigkeit, unser Denken aus dem Reich der unmittelbaren Zwecke zu befreien und über unseren alltäglichen Horizont hinauszublicken. Solange wir dabei nicht den Boden unter den Füßen verlieren, ermöglicht uns unsere Hoffnung Weitblick und visionäres Handeln, das sich langfristig oft am allermeisten auszahlt.

> *Lasst euch von euren Hoffnungen*
> *Weitblick schenken. Die Hoffnung hat die*
> *Kraft, euch mehr erkennen zu lassen als*
> *den kurzen Weg zum Profit.*

Der Heilige Bernhard von Clairvaux, jener große Cistercienser, der unseren Orden schon im 12. Jahrhundert und wirksam bis heute sehr stark geprägt hat, hatte einen Novizen, der später zum Papst gewählt wurde. Vermutlich hätten die Anderen damals gerne den Heiligen Bernhard selbst zum Papst gewählt. Da aber klar war, dass dieser das Amt nicht annehmen würde, wurde sein Schüler zu Papst Eugen III. erkoren. Da dieser Papst nun seinen einstigen Lehrer bat, ihm doch einen Ratschlag zu erteilen, wie er sein Amt in rechter Weise ausfüllen sollte, schrieb der Heilige Bernhard das Buch *De consideratione*, »Von der Erwägung«. Er verfasste für Papst Eugen III. also gleichsam ein frühes »management manual«, einen Ratgeber, der dem Papst helfen sollte, mit seiner schwierigen Aufgabe richtig umzugehen.

Darin formulierte der Heilige Bernhard, dass er den Papst am meisten wegen seiner Überbeschäftigung, seiner Überladung mit Pflichten, also wegen seines Stress‘ bedauere. Um diese Schwierigkeit zu meistern, riet er seinem einstigen Novizen dazu, unbedingt auch Zeit für sich selbst einzuplanen, in der er - von den unmittelbaren Geschäften befreit - in Ruhe darüber nachdenken solle, was ihm für die Zukunft als wirklich wichtig und notwendig erscheine und worauf er seine Konzentration richten solle. Er forderte ihn also zu nichts anderem auf, als sich Raum für das Hoffen zu schaffen und seine Hoffnungen zugleich mit Klugheit und Bedacht zu wählen. Ich glaube, wenn ein solcher Ratschlag für das schwere Amt eines Papstes gilt, dann können wir davon ausgehen, dass jeder von uns sich für seinen persönlichen Erfolg daran ein Beispiel nehmen sollte.

Nehmt euch Zeit zum Hoffen. Nur wer selbst weiß, worauf er hofft, kann auch anderen raten und sie führen.

Interessant erscheint mir an dieser Geschichte auch, dass der Heilige Bernhard Papst Eugen III. nicht etwa dazu geraten hat, sich seiner Vernunft im Sinne eines systematischen Zweifels zu bedienen. Tatsächlich ist der Zweifel, ganz im Gegensatz zur Hoffnung, keine christliche Tugend. Er wird schnell zum Laster, wenn er überhand nimmt. Als Teil der Klugheit hat der Zweifel seine Berechtigung, um die Hoffnung nicht hypertroph, abgehoben und unrealistisch werden zu lassen. Die grundsätzliche Ausrichtung des Menschen sollte aber immer im Hoffen und nicht im

Zweifeln liegen, weil ständiger Zweifel zu Misstrauen, Trägheit und Handlungsunfähigkeit führt. Hier besteht eine sichtbare und nicht zufällige Analogie zum Begriffspaar Vertrauen und Kontrolle, bei dem die Akzente ebenso klar zugunsten des Vertrauens als Grundeinstellung des Menschen zu setzen sind.

Allerdings dürfen wir nie den Fehler begehen, über den Idealen die menschliche Natur zu vergessen. Je älter ich werde, umso stärker wird meine Überzeugung, dass der Mensch nicht nur durch frühkindliche und spätere Erfahrungen geprägt wird, sondern schon mit einer Grundausstattung von Tugenden, Talenten, aber auch Schwächen, zur Welt kommt. Wenn ich mir etwa meine zwei Neffen ansehe, die beide gleichermaßen von ihren Eltern mit großer Liebe und Fürsorge erzogen wurden und beide wunderbare Menschen sind, sich in Charakter und Mentalität aber völlig unterscheiden, dann scheint mir kein anderer Schluss als dieser möglich.

In diesem Sinne gibt es natürlich auch Menschen, die mehr zur Tugend der Hoffnung begabt sind als andere. Diesen Menschen fällt es ihrer Natur nach leichter, Risiken einzugehen und Chancen zu sehen, wo andere eher Verluste fürchten. Sie sind es, die buchstäblich zu Unternehmern geboren sind und die recht daran tun, ihre diesbezügliche Begabung zu nutzen, indem sie unternehmerisch tätig werden.

Andere Menschen sind für diesen Modus des Denkens und Handelns nicht in gleicher Weise begabt, weil das Hoffnungsprinzip in ihnen nicht gleich stark verankert ist. Natürlich lässt sich durch bewussten Willenseinsatz manches kompensieren. Aber ganz gegen unsere Natur werden wir auf Erden weder glücklich noch erfolgreich werden können.

Ich selbst bin beispielsweise wohl kaum zum Unternehmer geboren worden. Meine Aufgaben in der Wirtschaft hatten letztlich auch immer den Charakter eines Angestelltenverhältnisses. Zwar trug ich darin manchmal durchaus große Verantwortung. Ich hatte aber nie als Eigentümer oder Aktionär in letzter Konsequenz mit meinem Privatvermögen zu haften, sondern blieb Befehlsempfänger höherer Instanzen, auch wenn ich natürlich über Handlungsspielräume für eigene Ideen verfügte. Über diesen Umstand war ich keineswegs unglücklich. Ich habe in mir nie Talent oder Bestimmung gespürt, eine ganz eigene Unternehmung zu gründen und das Gewand des Angestellten abzustreifen. In den Funktionen, die ich ausgeübt habe, konnte ich meine Fähigkeiten, so glaube ich, in nützlicherer und befriedigenderer Weise entfalten und mich mehr selbst verwirklichen, als es mir als freier Unternehmer möglich gewesen wäre.

Leider neigen die Medien heute dazu, ein verzerrtes Bild der Realität zu zeichnen. Im Mittelpunkt des Interesses stehen Stars, die sich ihre Aufmerksamkeit mit ihren Fähigkeiten oft durchaus redlich verdient haben, jedoch nicht alleine. Die vielen unbekannten Menschen im Hintergrund, die den Erfolg der Strahlegestalten durch ihre kontinuierliche und fleißige Arbeit erst ermöglichen, werden zumeist völlig vergessen. Dabei ist ihre Leistung oft um nichts geringer als jene der Berühmtheiten, und auch hinter den Kulissen ist es absolut möglich, gutes Geld zu verdienen. Durch den einseitigen Fokus entsteht aber der falsche Eindruck, jeder hätte die Pflicht dazu, ganz an die Spitze und ins Rampenlicht zu drängen, wenn er denn erfolgreich sein und sich Wohlstand schaffen will. Das ist allerdings weder mit der natürlichen Verteilung der Talente, noch mit der Struktur unserer Wirtschaft vereinbar. Denn auf jeden guten, mutigen Unternehmer müssen viele gute, qualifizierte und unternehmerisch denkende Angestellte kommen, auf die der Unternehmer sich voll und ganz verlassen kann, wenn die Firma Erfolg haben soll. Wir sollten deshalb niemals unsere Natur vergewaltigen, sondern lieber versuchen, den Platz in Gesellschaft und Arbeitswelt zu finden, für den unsere Fähigkeiten am besten geeignet sind.

> *Hofft nicht gegen eure Natur. Gott hat euch die Anlagen geschenkt, auf deren Verwirklichung ihr hoffen solltet.*

Richtig hoffen heißt also: Hoffen auf das Aufgehen jener Saat, die Gott in uns gepflanzt hat. Dabei darf es selbstverständlich Vorbilder geben, die uns helfen, zu erkennen, wonach wir selbst streben wollen. Allerdings sollten wir diese Vorbilder aus den oben genannten Gründen wohl eher nicht in den Medien suchen. Erst wenn wir jemanden persönlich kennengelernt haben und mit ihm in entspannter Atmosphäre vielleicht beim zweiten Glas Wein sitzen, können wir vorsichtig abschätzen, ob er für uns als Vorbild tatsächlich tauglich ist.

Vor einigen Jahren bei einer Diskussion an der Johannes Kepler-Universität in Linz fragte mich eine Studentin, ob ich dem Auditorium zum Thema Vorbilder denn konkrete Persönlichkeiten nennen könnte, die als Beispiele taugen könnten. Gerade weil ich ihre Frage ernst nahm, konnte ich sie guten Gewissens nicht beantworten. Mir blieb nichts anderes übrig, als die Frage in etwas unfairer Weise zurückzuspielen, indem ich der Studentin zur Antwort gab, sie solle versuchen, ihr Leben so zu gestalten, dass sie selbst zum Vorbild für andere wird. Von der Last, unsere Vorbilder selbst und eigenverantwortlich zu wählen, kann uns niemand befreien. In dieser Wahl kommt die Einzigartigkeit unserer Persönlichkeit ja bereits voll und ganz zum Ausdruck.

Da wir uns nun viel mit der diesseitigen Hoffnung beschäftigt haben, möchte ich zum Schluss noch einmal zur Hoffnung im engeren theologischen Sinn und ihren Bezug auf das Jenseits zurückkommen. Wir sollten nie vergessen, dass wir die Hoffnung nicht nur rein innerirdisch verorten dürfen, wenn wir sie in ihrer ganzen Kraft erleben wollen. Zuletzt und zuoberst dürfen wir auf Gerechtigkeit und Belohnung im Jenseits hoffen. Das ist keine »billige Ver-tröstung«, sondern echter Trost. Vor dem Hintergrund dieser Jenseitshoffnung und der damit verbundenen

Verantwortung wird es uns besser gelingen, das Diesseits zu gestalten, als unter dem Eindruck einer innerweltlich abgeschlossenen Erfolgsverurteilung.

Es kann uns schließlich im Diesseits auch geschehen, dass wir alle Hoffnung verlieren. Ich schließe nicht aus, dass es Ereignisse im Leben eines Menschen gibt, die so schrecklich sind, dass er tatsächlich für den Rest seines Lebens gebrochen ist und auch über das Gebet nicht mehr zur Hoffnung zurückfindet. Manchmal aber kann es doch gelingen, über die alles Diesseitige relativierende Hoffnung auf Gottes Liebe und Gottes Reich wieder zurück in die Spur zu finden und auch schlimmste Schicksalsschläge zu bewältigen.

Ich möchte das Gebet und die Hoffnung auf das Jenseits hier durchaus nicht in einer Konkurrenz zur Psychotherapie positionieren. Der psychisch kranke Mensch wird gut und richtig daran tun, einen Fachmann aufzusuchen und eine Therapie zu beginnen. Ich meine aber, dass die Kraft, die wir aus der Tugend des Glaubens ziehen können und an der sich all unsere Hoffnungen immer wieder neu aufrichten, ihre eigene und nicht zu ersetzende Stellung im menschlichen Leben hat. Wahrscheinlich würden heutige Menschen manchem historischen Heiligen raten, einen Psychiater aufzusuchen. Der Blick vieler großer, christlicher Gestalten auf die diesseitige Welt war so düster, dass oft auch von der »dunklen Nacht der Mystiker« die Rede ist. Seltsamerweise waren diese herausragenden Gestalten trotz der scheinbaren Hoffnungslosigkeit, die in manchen ihrer Aussagen und Schriften zum Ausdruck kommt, imstande, ihren Weg auch unter schwierigsten Bedingungen weiterzugehen. Lesen wir etwa das Tagebuch der Seligen Mutter Teresa, dann finden wir darin eine furchtbare Verzweiflung angesichts des kaum zu lindernden Leids auf dieser Welt. Und doch hat Mutter Teresa bis zu ihrem letzten Tag auf Erden nicht aufgehört, dieses Leid mit ihren schwachen Kräften zu lindern, so gut es ging.

Angesichts dessen hat es fast den Anschein, als ob es eine Hoffnung jenseits aller Hoffnung gäbe, die den Menschen noch dort weiterkämpfen lässt, wo er selbst schon längst keinen Ausweg mehr sieht. Vielleicht ist es gerade dieser nicht abzutötende Anteil der Hoffnung, der sie zu einer so großen Tugend macht.

Seid kommunikativ und handelt sozial kompetent

Soziale Kompetenz ist ein mehrdeutiger Begriff. Das Attribut »sozial« ist heute gesellschaftlich sehr aktuell. Wir sprechen oft davon, sozial zu handeln, den sozialen Aspekt im Auge zu behalten oder die soziale Marktwirtschaft neu auszurichten. Wenn wir uns jetzt aber mit der sozialen Kompetenz beschäftigen, dann geht es dabei hauptsächlich um die Fähigkeit des einzelnen Menschen, seinen Umgang mit anderen zu gestalten, richtig zu kommunizieren, und Beziehungen auf diese Weise so positiv aufzuladen, dass es ihm gelingt, Verständigung im beiderseitigen Interesse herzustellen. Diese Dinge sind für jeden wirtschaftlich tätigen Menschen heute ausgesprochen wichtig, wenn er Erfolg haben und seine Ziele erreichen will.

In größeren Unternehmen gibt es auf den verschiedensten Ebenen große Erfahrungsschätze und ein hoch spezialisiertes Wissen über technische Vorgänge oder innerbetriebliche Abläufe. Die jeweiligen Vorgesetzten und ebenso die Unternehmer können und müssen nicht alles selbst wissen. Sie müssen aber über die kommunikative

Fähigkeit verfügen, Mitarbeitern das vorhandene Wissen ans Licht zu bringen und für alle nutzbar zu machen. Und sie müssen sicherstellen, dass die Kommunikation innerhalb der und zwischen den verschiedenen Abteilungen so reibungslos funktioniert, dass ein produktiver Austausch des Wissens der einzelnen Mitarbeiter gefördert wird. Für die Angestellten selbst ist soziale Kompetenz wiederum wichtig, um ihre Fähigkeiten angemessen präsentieren zu können und sich Aufstiegschancen zu schaffen. Denn die besten Fachkenntnisse nützen uns im Allgemeinen nichts, wenn wir im zwischenmenschlichen Umgang so ungeschickt vorgehen, dass uns das Image eines Nichtskönners oder Chaoten anhaftet. Dies wurde früher zu wenig erkannt, während heute der soziale IQ zu Recht als ebenso wichtig wie der allgemeine Intelligenzquotient angesehen wird.

> *Arbeitet an eurem Auftreten und eurer sozialen Kompetenz. Wenn darin eure Schwäche liegt, werdet ihr nie große Erfolge feiern.*

Ich glaube, einer der schwersten unternehmerischen Fehler besteht darin, den Mitarbeiter als bloßen Produktionsfaktor zu betrachten. Wer sich die Arbeitskraft seiner Mitarbeiter auf die gleiche Weise zunutze machen will wie etwa die hydraulische Kraft einer Maschine, der versteht nichts von sozialer Kompetenz und begeht einen doppelten, folgenschweren Fehler. Zum einen ist eine solche Praxis ethisch äußerst fragwürdig. Zum anderen werden damit nicht die Fähigkeiten der arbeitenden Menschen aktiviert.

Die Sichtweise auf den Menschen ausschließlich als Produktionsfaktor könnte eine Folge des Jahres 1989 sein, welches bisweilen als der »Sieg des Kapitalismus« gedeutet wurde. In Wirklichkeit waren die Ereignisse des Jahres 1989 niemandes Sieg, sondern die selbstverschuldete Niederlage eines Wirtschaftssystems ohne Markt. Wenn es auch keinen »Sieger« gibt – schon gar nicht den Kapitalismus – so hat sich aber doch die soziale Marktwirtschaft im Konkurrenzkampf als stärker erwiesen. Die falsche Behauptung vom Sieg des Kapitalismus hat aber bedauerlicherweise in Folge dazu geführt, dass die Struktur der sozialen Marktwirtschaft verwässert wurde und sich in Richtung Turbo-Kapitalismus bewegt. Die sozialistischen Staaten implodierten an ihren inneren Widersprüchen. Außerdem wirkten der Humanismus und der Wille zur menschlichen Freiheit, der in Ereignissen wie dem Fall des Eisernen Vorhangs und der Berliner Mauer, geschichtsmächtig geworden ist. Letztlich hat es den kommunistischen Staaten gerade an sozialer Kompetenz gemangelt. An der Fähigkeit nämlich, den Menschen in das wirtschaftliche Geschehen auf eine Weise einzubinden, die seine Talente nutzt, anstatt sie verkümmern zu lassen, und die ihn motiviert, eine produktive Arbeitsleistung zu erbringen. All das war in den realsozialistischen Staaten durch die Erdrosselung der Wirtschaft nicht möglich und hat so, gemeinsam mit den totalitären Zumutungen des aufgeblähten Staatsapparates, ihren Zusammenbruch herbeigeführt.

Deshalb ist es eine groteske Fehldiagnose, den Kapitalismus im Sinne des reinen Manchester-Liberalismus, wo der Markt mit Gott gleichgesetzt und Profit das einzige Kriterium ist, als Sieger aus dem Kampf der Systeme hervorgehen zu sehen. Auch der Kapitalismus hat sich im 19. und 20. Jahrhundert mehrmals selbst ad absurdum geführt und schreckliche wirtschaftliche und soziale Katastrophen ausgelöst. Es waren diese Krisen, die den totalitären Systemen des 20. Jahrhunderts erst den Weg ebneten. Diese Tatsache sollten wir wirtschaftsgeschichtlich immer mitdenken, wenn leichthin vom Sieg des Kapitalismus im Revolutionsjahr 1989 die Rede ist. Auch der Kapitalismus ist nämlich immer dort in schwere Krisen gestürzt, wo er die soziale Kompetenz vernachlässigt und Menschen nur noch als einen Produktionsfaktor unter anderen aufgefasst hat.

Der Mensch aber ist mehr als das. Jedes gesellschaftliche System und erst recht jedes Unternehmen, das diesen viel größeren Wert des Menschen, seine zentrale Bedeutung für alles wirtschaftliche Geschehen, nicht erkennt, wird langfristig untergehen. Das ist nicht nur meine feste Überzeugung, es ist auch eine Wahrheit, die wir aus der katholischen Soziallehre und der zentralen Stellung, die der Mensch darin einnimmt, ableiten können. In seiner Antrittsenzyklika *Redemptor hominis* hat Papst Johannes Paul II. den bemerkenswerten Satz formuliert, dass der Mensch Subjekt der Wirtschaft ist.

Damit ist gemeint, dass die gesamte Wirtschaft auf ihn hin auszurichten ist, dass sie sich um den Menschen dreht und überhaupt nur um seinetwillen existiert. Sowohl in einer zentral gelenkten Wirtschaft als auch im radikalen Kapitalismus wird dieses Prinzip sträflich ignoriert.

*Betrachtet Menschen nie als
Produktionsmittel. Ihr verschenkt das
Potential eurer Mitarbeiter, wenn ihr sie
nicht im vollen Wortsinn als Menschen
behandelt.*

Vorhin habe ich es einen doppelten Fehler genannt, die herausragende Bedeutung des Menschen für die Wirtschaft zu unterschätzen. Auch kurzfristig scheint mir nämlich die Vernachlässigung sozialer Kompetenz äußerst unklug. Alle Mitarbeiter eines Unternehmens sehnen sich nach vollwertiger Anerkennung als Mensch. Gewähren wir sie ihnen, indem wir sozial kompetent agieren, dann ermöglichen wir ihnen damit, ihr volles produktives Potential freizusetzen. Ignorieren wir ihre Bedürfnisse, dann demotivieren wir sie. Im schlimmsten Fall haben wir es dann bald mit Menschen zu tun, die nur noch »Dienst nach Vorschrift« machen, um sich ihrer Verpflichtungen zu entledigen. Solche demotivierten Mitarbeiter wiederum wirken sich auch ganz unmittelbar negativ auf die Produktivität des Unternehmens aus.

Ein weiterer schwerer Fehler besteht in diesem Zusammenhang darin, von den eigenen Mitarbeitern Fehlerfreiheit zu verlangen. Das ist schon einmal deshalb unsinnig, weil kein Mensch gänzlich ohne Fehler arbeiten kann. Außerdem schafft es eine Atmosphäre, in der Menschen ihr Potential zumeist nicht mehr abrufen können. Die Angst, einen Fehler zu machen, bremst die kreative Energie und nimmt dem Menschen viel von der Freude an der Arbeit, die der beste Motor für Höchstleistungen ist.

Zu Beginn meiner Zeit bei den Päpstlichen Missionswerken stellte ich einmal fest, dass schlechte Stimmung und großes Misstrauen unter den etwa dreißig bis vierzig Mitarbeitern herrschte. Bei einer Sitzung wurden von einer Abteilung zur anderen und von einem Mitarbeiter zum anderen ständig Fehler aufgezählt und wechselseitige Vorwürfe erhoben. Einer spontanen Eingebung folgend sagte ich in einem Moment der Ruhe: »Ab jetzt dürfen auch Fehler gemacht werden«. Ich bildete mir ein zu hören, wie auf einmal mit einem zischenden Geräusch die dicke Luft aus dem Raum wich, wie aus einem angestochenen Luftballon. Auf einmal überwog eine irgendwie menschlichere Stimmung.

Natürlich habe ich dann etwas später gesagt: »Ich weiß natürlich, dass niemand von euch Fehler machen will.« Fehler sind bedauerlich und sollen korrigiert werden. Aber wir sollten uns in einem Unternehmen nicht pausenlos daran aufreiben, was der andere alles für Fehler gemacht hat. Ständig auf den anderen aufzupassen, behindert uns letztlich in unserer eigenen Arbeit. Wenn wir stattdessen unser Bestes geben, dabei aber anerkennen, dass auch uns Fehler unterlaufen, dann können wir auch dem anderen im positiven Sinn unterstellen, dass er sein Bestes gibt und dennoch nicht unfehlbar ist. Nichts anderes als ein solches innerbetriebliches Klima ist der Ausweis gelebter sozialer Kompetenz.

> *Toleriert Fehler und habt selbst den Mut,*
> *sie zu machen. Nur wenn ihr keine Angst*
> *vor Fehlern habt, seid Ihr kreativ und*
> *schafft neue Lösungen für alte Probleme.*

Natürlich gibt es auch Leute, die immer noch glauben, soziale Kompetenz wäre im Wirtschaftsleben besser durch eine Art militärischer Disziplin zu ersetzen. Dieser Ansatz wird aber zumindest in unseren Breiten immer unpopulärer, und wie ich meine, zu Recht. In früheren Jahrhunderten herrschte in der ganzen Gesellschaft noch ein anderer, autoritärer Geist. Deshalb ist es historisch verständlich, dass die Menschen damals auch ihre wirtschaftlichen Unternehmungen im Sinne strikter Hierarchien und eiserner Disziplin organisierten. In den heutigen, demokratischeren Zeiten, ist ein solcher Zugang aber einfach nicht mehr zeitgemäß. Ich glaube, die Menschen würden sich das auch gar nicht mehr gefallen lassen.

Bei diesem Thema gibt es natürlich große kulturelle Unterschiede. In Japan herrschen ganz andere soziale Normen als bei uns. Deshalb wird sich soziale Kompetenz dort auch in ganz anderen Formen manifestieren. Auch die USA unterscheiden sich von Europa, wenn es um Fragen des Umgangs mit Mitarbeitern geht. Ein etwas härterer, direkterer Ton ist dort gang und gäbe und wird nicht als unmenschlich erlebt.

Wir sollten aber bedenken, dass die hohe Qualifikation und die große Leistungsbereitschaft der in Europa arbeitenden Menschen eine der hauptsächlichen Stärken unserer Wirtschaft ist. Es sind die menschlichen Fähigkeiten, die es Europa nach wie vor ermöglichen, am Weltmarkt in vielen Bereichen konkurrenzfähig zu agieren. Wegen dieser Qualität der europäischen Arbeit produzieren manche Unternehmen nach wie vor oder wieder in Europa, und nehmen dafür höhere Lohnkosten und strengere Verwaltungsvorschriften in Kauf. Deshalb tun wir, glaube ich, gut daran, soziale Kompetenz als jene Stärke unseres Systems zu betrachten, die sie tatsächlich ist.

Trotzdem ist oft vom Problem der »Verweichlichung« unserer Gesellschaft die Rede. Gerne wird die Gefahr beschworen, die Menschen würden zu sehr in Watte gehüllt und geradezu dazu angestiftet, die Vorteile des Systems auszunutzen, ohne eine entsprechende Leistung abzuliefern. Ich glaube aber, gerade solche Fehlentwicklungen sind nur dann möglich, wenn in Betrieben strukturell etwas mit der Kommunikation nicht stimmt. »Der Fisch stinkt vom Kopf«, lautet ein bekanntes Sprichwort, das hier zutreffen dürfte. Wenn wir als Unternehmer oder Manager offen, freundlich und ohne Hintergedanken mit unseren Angestellten kommunizieren, dann bekommen wir die Informationen, die wir gemeinsam zum Wohle des Unternehmens brauchen.

Natürlich kann es immer einzelne schwarze Schafe geben. Aber die meisten Menschen suchen nach Anerkennung ihrer Leistung. Setzen wir an diesem Punkt an, dann wird es kaum zum Missbrauch eines positiven Arbeitsklimas kommen.

Jene Individuen, die tatsächlich schlechte Arbeit leisten, wissen das zumeist selbst. Wenn sie von offenen, motivierten Kollegen umgeben sind, werden sie sich von dieser positiven Stimmung meist anstecken lassen und selbst mehr leisten.

Selbstverständlich soll auch eine gewisse strukturelle Kontrolle stattfinden, schon um den Menschen ein Feedback über ihre individuellen Leistungen zu geben. Die Rufe nach mehr sozialer Härte und noch schärferer Konkurrenz halte ich aber eher für produktivitätsdrosselnd. Sie schaffen eben jenes Klima der Angst vor Fehlern, das wir unbedingt vermeiden sollten.

> *Kontrolle ist gut, aber Vertrauen ist besser. Nur wenn ihr anderen vertraut, schenkt ihr ihnen die Kraft, die sie brauchen, um Höchstleistungen zu erbringen.*

Überhaupt weist die Gleichsetzung von Erfolg mit Härte und Unmenschlichkeit auf ein gesellschaftliches Missverständnis hin. Es gibt inzwischen zahlreiche Belege dafür, dass funktionierende Kooperation insgesamt leistungssteigernd wirkt. Schon in Schulklassen profitieren nachweislich gerade auch die besten Schüler davon, wenn sich das Gesamtniveau der Klasse hebt, indem das Umfeld die weniger guten Schüler unterstützt und stärkt.

Schauen wir uns nur die Menschen an, die in den vergangenen Jahrzehnten wirklich große Unternehmungen aufbauen und führen konnten. Die in der New Economy erfolgreichen CEOs wie Bill Gates, Steve Jobs oder jüngst Mark Zuckerberg sind gerade nicht die versponnenen Nerds, für die sie oft fälschlich gehalten werden. Sie haben sich deshalb gegen ihre Konkurrenten durchgesetzt, weil sie sichtbar die Fähigkeit besitzen, andere Menschen für ihre Ideen zu begeistern, sie auch in schwierigen Phasen zu motivieren und immer wieder ins Boot zu holen. Solche Menschen verstehen es, Visionen zu entwickeln, die auch für andere nachvollziehbar sind - sonst wären sie bei aller technischen Begabung kleine Programmierer geblieben. Mit rücksichtsloser Härte hat die soziale Kompetenz, die solche Unternehmer auszeichnet, augenscheinlich wenig zu tun.

Wettbewerb soll und muss es natürlich geben. Er wirkt leistungssteigernd und motivierend und steht zu intakten sozialen Beziehungen keineswegs im Widerspruch. Wir sollten uns aber immer daran erinnern, dass Wettbewerb dazu da ist, Leistung zu belohnen. Wenn unter hundert guten Mitarbeitern nur der allerbeste für seine Leistung belohnt wird, dann wird die stimulierende Kraft des Wettbewerbs nicht richtig genutzt. Reihenweise Verlierer zu produzieren und zu brandmarken wirkt demotivierend und hilft niemandem, auch nicht den »Siegern«.

Stellt euch dem Wettbewerb, aber bleibt dabei sozial kompetent. Richtig gelebt, nutzt Konkurrenz Siegern und Besiegten, anstatt sie zu trennen.

Dennoch gibt es Fälle, in denen Unternehmer gezwungen sind, soziale Härten als Nebenfolgen ihrer Handlungen in Kauf zu nehmen. Damit sind wir bei der geläufigen Bedeutung des Wortes »sozial« angelangt. Wenn ein Unternehmen gezwungen ist, Abteilungen zu schließen und Mitarbeiter zu entlassen, dann geschieht das oft keineswegs deshalb, weil die individuelle Leistung der Mitarbeiter in diesen Bereichen nicht gestimmt hätte. Darum sind solche Entscheidungen meistens besonders schwierig. Sie müssen aber getroffen werden, wenn der Unternehmer streng kalkulierend zum Schluss kommt, dass sich bestimmte Unternehmensteile nicht mehr rentabel führen lassen und so die Gesamtproduktivität der Firma gefährden. Soziale Kompetenz bedeutet in einem solchen Fall nicht, sich um die ungeliebte Entscheidung zu drücken. Stattdessen sind Offenheit und Transparenz im Umgang mit den Mitarbeitern Pflicht.

In einem klösterlichen Betrieb fällt es besonders schwer, Menschen zu entlassen und damit der Unsicherheit der Arbeitslosigkeit auszusetzen. Tatsächlich kam ich als Abt einmal in die Situation, eine solche Entscheidung treffen zu müssen. Das Weingut des Stiftes Heiligenkreuz war ganze vierzig Jahre lang immer in den roten Zahlen. Natürlich haben wir das Weingut, das unser Stift seit dem Jahr 1141 besitzt, nicht verkauft. Aber wir waren gezwungen, es anders zu bewirtschaften. Ich initiierte eine Verpachtung der Weingärten, wodurch der Unternehmenszweig aus dem Gesamtzusammenhang des stiftlichen Unternehmens de facto ausgegliedert wurde. Seither versucht ein Pächter als eigenständiger Unternehmer dort auf eigenes Risiko, das Weingut in die schwarzen Zahlen zu führen, was ihm auch zu gelingen scheint. Diese Maßnahme meinerseits wurde deshalb notwendig, weil eines Tages die

Betriebsleiter der anderen Betriebe zu mir kamen und sich darüber beschwerten, dass die von ihnen und ihren Mitarbeitern erwirtschafteten Gewinne im Weinberg versickerten, wie sie es bildhaft ausdrückten. Da wurde mir rasch klar, dass ich im Sinne sozialer Kompetenz zum Handeln gezwungen war. Ich durfte nicht zulassen, dass die Gesamtmotivation meiner Mitarbeiter in Gefahr gerät, weil ein einzelner Betrieb nicht gewinnbringend zu führen ist und permanent subventioniert werden muss.

Bei der Neugestaltung gingen Arbeitsplätze verloren, weil der neue Pächter den Betrieb reorganisierte, was ja auch seine Aufgabe war. Allerdings, und das ist ein wesentlicher Punkt, gelang es uns, für fast alle entlassenen Mitarbeiter neue Arbeitsplätze in anderen klösterlichen Betrieben zu finden. Und zwar keine »Versorgungsposten«, sondern Orte, an denen diese Menschen ihre Motivation und ihre Arbeitskraft in sinnvoller Weise einbringen konnten. Zum Beispiel hat der stiftliche Betrieb jenen Arbeiter übernommen, der früher mit dem LKW den Wein auslieferte, weil damals gerade der Chauffeur des Abtes und der Professoren der klösterlichen Hochschule in Pension gegangen war.

Vergesst über der sozialen Kompetenz nie eure wirtschaftliche Vernunft. Wenn ihr harte Entscheidungen treffen müsst, dann tut es transparent und nachvollziehbar.

Wenn wir uns zum Abschluss dieses Kapitels fragen, welche christliche Tugend mit dem Prinzip der sozialen Kompetenz konvergiert, dann werden wir ganz klar bei der Liebe landen. Selbstverständlich umfasst der weite theologische Sinn der Liebe auch die sinnliche, erotische Liebe von Mann und Frau. Christliche Liebe meint aber noch etwas Umfassenderes. Ein grundlegendes Sich-verantwortlich-fühlen für und Sich-verbunden-fühlen mit den Menschen, denen wir begegnen. Wir alle sind Kinder Gottes und daher angehalten, unsere Würde wechselseitig zu achten und bei allen unseren Handlungen mitzubedenken. Unter diesem Gesichtspunkt können wir in der Liebe, die Jesus von Nazareth den Menschen zuteil werden ließ, die höchste Form gelebter sozialer Kompetenz erblicken. Jesus Christus war, das belegt die Heilige Schrift, kein Ignorant wirtschaftlicher Geschehnisse. In einem Gleichnis lobt er den Kaufmann, der sein Hab und Gut verkauft, um in den Erwerb einer besonders wertvollen Perle zu investieren. In einem anderen tadelt er den Verwalter von Werten, weil er sie nicht wenigstens zum Zinsgewinn auf die Bank getragen hat. Schon damals, in einer ja noch weitestgehend agrarisch geprägten Gesellschaft, haben solche Fragen der wirtschaftlichen Rentabilität also selbst in der Heiligen Schrift ihren Niederschlag gefunden.

Zugleich aber fordert Christus immer und überall den Primat des Menschen ein. Darauf bezieht sich Papst Johannes Paul II in seiner Enzyklika *Redemptor hominis*, wenn er davon spricht, dass wir endlich die Herrschaft der Maschine über den Menschen durch die Herrschaft des Menschen über die Maschine ersetzen müssten. Damit ist natürlich keine Maschinenstürmerei gemeint. Es hat keinen Sinn, gegen die Elektrolok zu kämpfen, weil damit die Arbeitsplätze der Dampflokheizer verloren gehen. Die höhere Produktivität, die durch technischen Fortschritt entsteht, ist positiv und unbedingt zu begrüßen und kommt letzten Endes dem Menschen zugute. Wir müssen uns aber im Sinne der sozialen Kompetenz und im Sinne der Tugend der Liebe immer wieder vor Augen führen, wofür sich alle Räder drehen. Gewisse Sachzwänge, die uns präsentiert werden, müssen wir zurückweisen, wenn ihre Konsequenzen unmenschlich sind. Die Souveränität des Menschen über alle Maschinen und Sachzwänge hinweg müssen wir wahren, wenn wir human und im richtigen Sinn erfolgreich sein wollen.

Liebt eure Nächsten wie euch selbst.
Stellt den Menschen immer an erste
Stelle und ihr werdet die höchste Form
sozialer Kompetenz leben.

Regeneriert, spielt und bildet euch

Der Mensch ist zwar zur Arbeit berufen, aber wie gesagt nicht nur zur Arbeit. Denn die Arbeit ist für den Menschen da und nicht umgekehrt. Ebenso sehr wie zur Arbeit, wenn nicht noch mehr, ist der Mensch zu Liebe, Ehe und Familie berufen. Wenn wir uns das vergegenwärtigen, wird es uns kaum verwundern, dass für wirtschaftlichen Erfolg eine gesunde Basis außerhalb des Berufslebens ausgesprochen wichtig ist. Vor allem mittel- und langfristig werden wir nur erfolgreich sein und große Leistungen erbringen können, wenn unser Leben auch außerhalb der Arbeit auf die richtige Weise geordnet ist.

Das bedeutet aber gerade nicht, unser ganzes Leben so anzuordnen, dass alles der Arbeit untergeordnet wird. Wir sollen und müssen arbeiten, um ein würdevolles Leben zu führen und für uns und unsere Familie zu sorgen. Aber wir müssen umgekehrt auch darauf achten, uns selbst und unsere Nächsten über unserer Arbeit nicht zu vernachlässigen. Wie gut dieser Grundsatz umsetzbar ist, hängt natürlich auch immer von den gesellschaftlichen Verhältnissen ab. In vergangenen Jahrhunderten mussten die Menschen auch in

Europa sehr viel mehr arbeiten als jetzt, um überhaupt genug Nahrung zu erwirtschaften und überleben zu können. Da stellten sich solche Fragen gar nicht. In einer Wohlstandsgesellschaft mit gesetzlich geregelter maximaler Wochenarbeitszeit hingegen spielt die Balance zwischen Arbeit und Freizeit eine weitaus größere Rolle.

Wenn ich aber heute alte Menschen frage, wann sie in ihrem Leben am stärksten das Gefühl von Gemeinschaft, Familie und positivem Zusammenleben empfunden haben, dann nennen paradoxerweise sie zumeist Notzeiten oder die Zeit des Wiederaufbaus in den 50er-Jahren, eine Zeit intensiver Arbeit, in der kaum jemand viel Geld hatte. Auch die Möglichkeiten der Freizeitgestaltung waren damals im Vergleich zu heute ziemlich eingeschränkt. Wenn wir den Anteil an Verklärung der Vergangenheit abziehen, der bei solchen Erinnerungen immer mitspielt, dann bleibt doch noch die Frage stehen, ob die moderne Freizeitgestaltung tatsächlich der beste Weg für den Menschen ist, jenseits der Arbeit Erholung und Rekreation zu erfahren. Weniger könnte hier manchmal offenbar mehr sein.

Lasst euch nicht ablenken und überfordern. Freizeit soll euch Kraft schenken, nicht Kraft kosten.

Jedenfalls ist es aus wirtschaftlicher Perspektive wichtig, den Prozess der Wiederherstellung der Arbeitskraft als wichtige Konstante in alle Überlegungen miteinzubeziehen. Als Unternehmer und Manager müssen wir wissen, dass die Arbeit unserer Angestellten und Mitarbeiter umso besser und produktiver ausfallen wird, je erholter, entspannter und ausgeglichener die Menschen sind, wenn sie an ihrem Arbeitsplatz erscheinen. Dafür zu sorgen, dass ihnen genügend Freizeit bleibt, ist daher nicht nur eine Forderung der Ethik, sondern ebenso sehr eine der ökonomischen Vernunft.

Moderne Unternehmen wie Google nehmen diesen Aspekt so ernst, dass sie auch rund um die Büros ihrer Mitarbeiter Freizeitangebote zur Verfügung stellen, um ein möglichst entspanntes Arbeitsumfeld zu schaffen. Eine US-amerikanische Firma wie Google würde kaum so handeln, wenn sie nicht überzeugt davon wäre, damit über Umwege letztlich auch ihre Produktivität zu steigern. Wir können also getrost davon ausgehen, dass die Tischfußballtische auf den Gängen der

Google-Zentrale ebenso wie die Tennisplätze vor dem Firmensitz im Großen und Ganzen nicht dazu führen, dass die Mitarbeiter ihre Arbeit niederlegen, um sich stattdessen zu vergnügen. Noch vor wenigen Jahrzehnten wäre eine solche Verschränkung von Arbeit und Freizeit undenkbar gewesen. Aber wir sehen an diesem Beispiel, wie wichtig die Frage der Rekreation besonders in kreativen Branchen heutzutage ist.

Tatsächlich wird etwa in den meisten Gegenden der Welt quantitativ mehr gearbeitet als in Europa. Trotzdem oder gerade deshalb zählen die Menschen in Europa zu den produktivsten Arbeitskräften. Sie erbringen also in weniger Zeit mehr Leistung. Das liegt nicht nur an ihrer im Durchschnitt sehr guten Ausbildung, sondern gerade auch daran, dass die Menschen hier vergleichsweise mehr Zeit und Raum für Erholung und das Aufladen ihrer Batterien haben als anderswo. Phasen der Erholung sind in diesem Sinn keine unproduktiven, sondern reproduktive Phasen.

Auch der in voller Länge in Anspruch genommene Urlaub hat eine ganz wichtige Funktion. Alle Unternehmer und Führungskräfte sollten es als ihre Ehrenpflicht betrachten, ihren wertvollen Angestellten ausreichenden Urlaub zu ermöglichen. Diese werden es durch ihre Zufriedenheit und ihre erneuerte Leistungsfähigkeit doppelt »zurückzahlen«. Als Arbeitnehmer sollten wir uns umgekehrt nie ein schlechtes Gewissen einreden lassen, wenn wir auf die Heiligkeit des Sonntags und die Berechtigung unseres Urlaubsanspruchs pochen. Wir übernehmen damit Verantwortung uns selbst und unserer Familie gegenüber und handeln ganz im Sinne des Unternehmens, für das wir tätig sind.

> *Lasst euch eure Freizeit nicht nehmen.*
> *Sie ist nicht unproduktiv, sondern repro-*
> *duktiv und für den Erfolg ebenso wichtig*
> *wie die Arbeitszeit.*

Mir persönlich sind die besten Ideen für mein Berufsleben übrigens immer am Wochenende oder im Urlaub gekommen. Ich bin damit bestimmt nicht alleine. Wenn ich auf meinen Ausflügen in Spanien in den Pyrenäen herumkletterte oder in Deutschland eindrucksvolle Sakralbauten besichtigte, wurde mein Geist frei für diejenigen Einfälle, die sich später als wirklich zündend erwiesen.

Ich erinnere mich in diesem Zusammenhang noch lebhaft an einen Brief von Kardinal König, der mich sehr beeindruckt hat. Er war damals, in den 8oer-Jahren, noch Erzbischof von Wien und legte seinen Priestern herzlich nahe, rechtzeitig ihre Ferien zu planen und auch wirklich in Anspruch zu nehmen. »Auch in Eurem Beruf als Seelsorger und Prediger«, schrieb König damals, »seid Ihr leistungsfähiger, wenn Ihr Euch erholt und für ein paar Wochen etwas ganz anderes seht.«

Ich habe, inspiriert von diesem Brief, daher auch als Abt immer versucht, mir selbst, meinen Mitbrüdern und meinen Mitarbeitern die nötige Erholung durch Ferien zu ermöglichen. Im Kloster besteht üblicherweise Anspruch auf drei Wochen Abwesenheit, wobei es mir meistens nicht gelungen ist, das am Stück zu absolvieren. Das ist insofern bedauerlich, als wir idealerweise eine Woche zum Abtauchen, eine zum Erholen und eine, um uns wieder auf die Arbeit einzustellen, benötigen. Ich würde daher jedem raten, seinen Urlaub nicht auf zu viele kleine Einheiten aufzusplitten.

> *Macht nicht nur Kurzurlaube. Erst wirkliche Ferien bringen die Erholung, die ihr braucht, um später wieder volle Leistung zu erbringen.*

Sehr beunruhigend ist es, wenn junge Menschen so stark im Beruf aufgehen müssen, dass es ihnen gar nicht möglich ist, Beziehungen aufzubauen, um einen Ehepartner zu finden. Dies kommt vor allem in der Finanzdienstleistungsbranche vor, wie ich es aus der Erfahrung mit meinem Bekanntenkreis weiß.

Von jungen Eheleuten höre ich, dass es für sie heute sehr schwierig ist, Arbeit und Familie unter einen Hut zu bekommen. Sie müssen in der Arbeit viel leisten, um sich Aufstiegschancen zu schaffen und tragen zugleich zu Hause Verantwortung für ein oder mehrere noch kleine Kinder. Eine solche Doppelbelastung müssen wir aber nicht nur negativ sehen. Der liebe Gott segnet uns in jungen Jahren meist mit einer besonderen Kraft. Diese Kraft dürfen wir auch beanspruchen, um die Aufgaben, die das Leben uns in dieser Zeit stellt, gut zu bewältigen.

Allerdings sollten solche intensiven Phasen nicht zu einem Dauerzustand werden. Mir fällt dazu eine Anekdote über Heinz Ruhnau, einen deutschen Verkehrs-Staatssekretär der 70er-Jahre ein, der später Chef der Lufthansa wurde. Ruhnau war eine Zeit lang sowohl in der deutschen Regierung als auch in seiner Partei, der SPD, äußerst gefragt. Überall wurde er eingesetzt, hier vermittelnd, dort einen Gedanken beisteuernd, etwas organisierend oder einen Schaden begrenzend. Als Ruhnau einmal nach einer wichtigen Tagung aus einem Kongresszentrum hetzte und in ein Taxi stieg, fragte der Taxifahrer: »Wohin darf ich Sie bringen, Herr Staatssekretär?« Ruhnau soll geantwortet haben: »Egal, ich werde überall gebraucht.«

Auch wenn diese Episode wahrscheinlich erfunden ist, sollte sie uns zu denken geben. Ein Mensch, der tatsächlich auf diese Weise im Dauereinsatz steht, vernachlässigt die Balance zwischen Arbeit und Freizeit sicherlich und sollte rechtzeitig die Reißleine ziehen. Einen genauen Prozentsatz für das richtige Verhältnis der beiden Bereiche anzugeben, halte ich aber für unmöglich. Dafür ist das Thema von zu vielen Faktoren abhängig. Jeder Mensch muss hier in sich hineinhorchen und seine eigene Balance finden, die wahrscheinlich auch nicht sein ganzes Leben lang gleich bleiben wird. Beansprucht einer der beiden Bereiche 95 Prozent, und für den anderen bleiben nur noch 5 Prozent übrig, dann wird sich wahrscheinlich sagen lassen, dass hier etwas aus dem Gleichgewicht geraten ist. Aber zwischen einem Verhältnis von etwa 80 zu 20 und 50 zu 50 gibt es einen großen

Spielraum, in dem jeder seinen Platz finden sollte. Wichtig ist dabei nicht nur das zeitliche Verhältnis, sondern auch die Art und Weise, in der die Zeit im Beruf und mit der Familie verbracht wird. Es wird von Managern berichtet, denen die Firma längst die Familie verdrängt hat, sodass sie de facto gar kein Familienleben mehr haben. Eine solche Umkehrung gesunder Verhältnisse sollten wir unbedingt vermeiden, indem wir uns daran erinnern, welche Rolle von uns an welchem Ort mit Recht erwartet werden darf.

> *Findet eure persönliche »Work-Life-Balance«. Verwechselt dabei nicht Firma und Familie, sondern besinnt euch darauf, welche Haltung wo am Platz ist.*

Für einen alleinstehenden Menschen ist das Problem der gesunden Basis außerhalb des Berufes natürlich ganz anders gelagert als für einen Menschen mit Familie. Ich habe schon die Berufung des Menschen zu Ehe und Familienleben aus christlicher Perspektive erwähnt. Daher möchte ich zuerst festhalten, dass wir unsere Suche nach einem geeigneten Partner nicht aufgeben sollten, auch wenn sich das Glück nicht gleich von selbst einstellt. Es muss nicht immer die große Liebe auf den ersten Blick sein. Es kann auch eine vernünftige und schrittweise erfolgte Entscheidung auf etwas Gutes und Richtiges hin sein, die schließlich in einer Ehe mündet.

Wenn dieser Bereich aber im Leben eines Menschen, aus welchem Grund auch immer, keine oder noch keine Rolle spielt, dann habe ich zwei wesentliche Ratschläge für die Freizeitgestaltung des alleinstehenden Individuums:

Zum einen rate ich dazu, sich religiös zu erden. Ich bin der Überzeugung, dass der Mensch seiner inneren Anlage nach auf Gott hin orientiert ist. Ich möchte diese Veranlagung gar nicht spezifisch auf das Christentum oder die katholische Religion hin definieren. Als Katholik möchte ich das doch bewusst sehr weit halten und sagen, ich glaube, dass Menschen versuchen sollten, die übernatürliche Dimension ihres Lebens zu ergründen, um sich eine gesunde Basis außerhalb des Berufs zu schaffen.

»Woher komme ich, wohin gehe ich, was ist der Sinn meines Lebens?« So hat Cardinal König die Ergründung unserer Existenz einmal in einer dreifachen Frage zusammengefasst. Manche wird eine solche Selbstbefragung vielleicht, wie auch mich damals, zum Schluss führen, dass ein geistliches Leben für sie der richtige Weg ist. Natürlich wird es immer nur ein kleiner Teil der Menschen sein, der eine solche Berufung verspürt.

Für die übrigen aber wird die Beschäftigung mit den religiösen Grundfragen trotzdem gut und nützlich sein. Indem wir uns diesen und ähnlichen Fragen in unserer freien Zeit stellen, vergewissern wir uns, ob unser Lebensweg, auch im Hinblick auf unsere Arbeit, richtig gewählt ist. Wer keine eigene Familie, keinen Partner hat, der sollte also vermehrt die Gemeinschaft mit Gott suchen. Auch deshalb, weil einem bekannten und wahren Ausspruch nach die kürzeste Verbindung zu unserem Nächsten über Gott, unseren gemeinsamen Ursprung, läuft.

> Stellt euch die großen Fragen. Eure Antworten auf sie werden euch auch beruflich den rechten Weg weisen.

Der zweite Ratschlag, den ich geben kann lautet, sich in der Freizeit auf die Suche nach dem zu machen, was einen in und an der Welt wirklich interessiert. Das Wort »Hobby« habe ich bewusst nicht gewählt, weil es in meinen Ohren immer ein bisschen läppisch und oberflächlich klingt. Das heißt natürlich nicht, dass wir unsere Freizeit nur bierernst gestalten sollten. Aber das spanische Wort »aficionado« für einen von der Begeisterung für ein bestimmtes Gebiet erfassten Menschen erscheint mir treffend. Denn viele Menschen dringen in ihrer Freizeit wirklich tief in einen Wissensbereich ein, der sie begeistert. Ob dieser Bereich nun im wissenschaftlichen, künstlerischen oder in einem anderen Feld liegt, spielt dafür gar keine so große Rolle. Wenn wir uns wirklich leidenschaftlich für etwas interessieren, dann gelingt es uns manchmal sogar, ganz ohne verkrampfte Anstrengung auf diesem Gebiet mit Fachleuten oder Profis ein Stück weit mithalten zu können. Aus einer solchen leidenschaftlichen Beschäftigung wiederum schöpfen wir nicht nur Lebensfreude. Auf ganz unvorhersehbaren Wegen kommt uns das, was wir so in unserer Freizeit lernen, dann manchmal doch auch in unserem Beruf zugute.

Ich habe mich beispielsweise immer schon sehr für Geschichte interessiert. An der Hochschule für Welthandel war die Wirtschaftsgeschichte immer eines meiner Lieblingsgebiete. Aber auch unabhängig vom Thema Wirtschaft habe ich mich gerne in historische Berichte zu allen möglichen

Aspekten der Weltgeschichte vertieft. Es war dann für mich eine erfreuliche Doppelung, dass ich im Studium der Theologie wiederum die Kirchengeschichte studieren konnte und dabei Querverbindungen herstellen konnte. Siehe Luca Pacioli.

Indirekt haben wir damit jetzt auch schon das Thema Allgemeinbildung gestreift. Dieses Thema hat nicht nur für die Freizeitgestaltung, sondern auch weit darüber hinaus Bedeutung. Ich bin nach wie vor ein großer Verfechter der humanistischen Allgemeinbildung, weil ich denke, dass sie für den Menschen geistige Werte schafft, von denen er sein Leben lang zehren kann. Deshalb meine ich auch, dass die Schulbildung nicht zu viel Praktisches enthalten sollte. Wenn jemand im Alter von achtzehn Jahren ein bis zwei Fremdsprachen beherrscht, sich in Musik, Literatur, Kunst und Geschichte gut auskennt, dann ist er für sein Leben gerettet. Wenn seine Schulzeit ihm diesen geistigen Reichtum nicht erschlossen hat, dann sollte er später seine Freizeit dafür nützen, sich hier einen Zugang zu erschließen.

Der Nutzen daraus wird vielfältig und langanhaltend sein. Gerade deshalb halte ich es für einen großen politischen Fehler, sich ausgerechnet auf die Bedürfnisse der Wirtschaft zu berufen, wenn universitäre Studien verschult werden und der Ausbildungsgedanke gegenüber jenem der Bildung immer weiter in den Vordergrund rückt. Jeder kluge Wirtschaftstreibende weiß, um wie viel wertvoller ein auf allen Gebieten beschlagener Mitarbeiter für ihn und sein Unternehmen ist, als einer, der nur sein Fachgebiet beherrscht und nicht imstande ist, über dessen Grenzen hinauszublicken, weil diese Fähigkeit in seiner Ausbildung nie gefördert wurde.

Wenn wir im doppelten Sinn mit Gott gut Geld verdienen, reich werden wollen, dann sollte das auf Basis einer Bildung geschehen, die uns über das rein Verwertbare hinaus den Horizont des Menschlichen, Politischen und Historischen in angemessener Weise mitdenken lässt.

Wenn ihr mit Gott reich werden wollt,
dann bildet euch. Nichts wird euch dem
richtigen Ziel näher bringen als zu lernen,
was ihr nicht braucht.

Die Frage des sogenannten Bildungskanons, an der sich immer wieder Diskussionen entzünden, halte ich übrigens für überschätzt. Bildung sollte uns Freude machen, wir dürfen sie, wenn sie wirken soll, nicht pflichtschuldig abarbeiten. Der Lernende ist in dieser Frage wichtiger als die Lehre. Entsprechend soll und wird sich der Kanon des Bildungswissens ständig erweitern, wird breiter, lustiger und spannender werden. Wer Bildung aber generell als verstaubt empfindet, der scheint mir staubige Augen zu haben. Denn wie können wir in Zeiten der elektronischen Informationsrevolution und wunderbarer Erfindungen wie Wikipedia übersehen, wie wichtig die Tradierung und Fortschreibung unserer Geistes- und Kulturgeschichte für unsere Gegenwart ist?

Als ich vor einiger Zeit mit einer Gruppe die verfolgten Christen in Kurdistan besuchte, kamen wir auf der Strecke nach Sulaimaniyya in eine wirklich beeindruckende tote Wüstenlandschaft, in der elefantenhaft riesige Steinblöcke standen. Auf einmal kam einem meiner Mitreisenden folgender Vers auf die Lippen: »Viel Steine gab's und wenig Brot.« Keinem von uns wollte die Herkunft dieses Verses einfallen. Nun ja, zum Glück hatte ich mein iPad dabei. Ich loggte mich schnell im Internet ein und konnte nicht nur eruieren, dass die Zeile einem Gedicht von Ludwig Uhland entstammt, ich fand auch den vollständigen Text und konnte das Gedicht auf der weiteren Busfahrt

zur Freude aller komplett vortragen. So wunder-
voll können klassische Bildung und modernste
Technologie heute ineinandergreifen.

Natürlich gibt es für den Einzelnen auch Gefahren dieser Wissensschwemme. Ich kenne zum
Beispiel jemanden, der einem zu jedem historischen Ereignis eine ganze Tabelle von Jahreszahlen herunterrattern kann, ohne dass ich ihn deshalb als gebildet bezeichnen würde. Edward F.
Lindley Wood, Earl of Halifax, hat einmal gesagt:
»Bildung ist das, was übrigbleibt, wenn wir vergessen, was wir gelernt haben.« In diesem Sinn ist
die Anhäufung von Faktenwissen eben noch keine
Bildung, weil wir lernen müssen, die unzähligen
Bruchstücke zu sinnvollen Bildern zusammenzu-
setzen und weil die Herzensbildung hinzutreten
muss, wenn die Übung wirklich gelingen soll.
»Dann hat er die Teile in seiner Hand. Fehlt leider! nur das geistige Band.«(Goethes *Faust*)

Allerdings bin ich gar nicht sicher, ob die Gefahr der rein lexikalischen Pseudo-Bildung durch
das Internet wirklich so zugenommen hat. Der
einfache Zugriff zum Internet mag manchmal die
Oberflächlichkeit befördern. Ich glaube, er ver-
führt aber mindestens ebenso oft auf positive Weise zu einer ernsthaften Auseinandersetzung mit

Themen, die uns interessieren. Es kommt eben, wie bei jedem Medium, vor allem darauf an, wie wir es verwenden. Auch Lexika lassen sich schließlich sinnvoll und nicht nur dafür verwenden, Jahreszahlen auswendig zu lernen. Im Rekreationszimmer in Heiligenkreuz, jenem Gemeinschaftsraum, in dem sich die Mönche allabendlich, an manchen Tagen auch nach dem Mittagessen, zum brüderlichen Gespräch treffen, stehen zwei bis drei große Lexika. Es ist dann immer schön, wenn jemand im Gespräch etwas, worüber er sich nicht mehr ganz sicher ist, schnell nachschlagen und allen wieder ins Gedächtnis rufen kann. Allerdings sehe ich jetzt natürlich schon den Tag kommen, an dem ein Laptop im Rekreationszimmer stehen wird, um auch den raschen Zugriff auf Wikipedia jederzeit zu ermöglichen.

> *Nutzt die neuen Medien. Richtig gebraucht, sind sie eine Bereicherung, die auch eurer Bildung auf die Sprünge helfen wird.*

Ich hoffe, dass mein flammender Bildungsappell keinen falschen Eindruck erweckt hat. Ich meine auf keinen Fall, dass nur monologische Tätigkeiten, das stille Sitzen im Studierzimmer etwa, dazu geeignet sind, uns einen geistigen Ausgleich außerhalb unseres Berufslebens zu schaffen. Im Gegenteil. Der soziale Aspekt der Freizeitgestaltung ist, besonders für familiär ungebundene Menschen, mindestens ebenso wichtig. Denn alles, was bei unseren Hobbys oder Interessen isolierend wirkt, kann gefährlich sein, wenn es uns in die Vereinzelung führt. Was kommunikativ ist und uns Vergnügen in der Gruppe empfinden lässt, hat allein darin schon seinen Wert.

In dieser Hinsicht findet der Mensch als soziales Wesen im Spiel auf wunderbare Weise zu sich. Der »homo ludens«, der spielende Mensch im Sinne des niederländischen Kulturforschers Johan Huizinga, der ein Buch über die Kultur des Spiels verfasst hat, ist gottgefällig. Im Spiel ist der Mensch nicht Produktionsmittel, ist frei und souverän. Wir verwirklichen ein Stück unserer Natur, wenn wir im Spiel auf lockere Weise kooperieren, aber auch konkurrieren, und die Zwecke unseres Alltags für einige Zeit vergessen. Deshalb ist spielen alles andere als nur Kinderei und sicher keine Zeitverschwendung. Vielen Managern würde es guttun, einmal im Jahr eine Partie »DKT«, »Das kaufmännische Talent« zu spielen, wie ich es immer wieder tue. Dieses Spiel lehrt uns, die kaufmännische Praxis mit ein wenig ironischer Distanz zu betrachten und uns selbst und unsere Arbeitswelt nicht zu ernst zu nehmen. Was könnte eine vergnügliche Freizeitbeschäftigung noch mehr leisten?

Auch das Theater ist eine wunderbar soziale Form des Spiels. Ich habe leider nur zweimal in meinem Leben als junger Mensch die Gelegenheit gehabt, Theater zu spielen. Immer noch kann ich mich daran erinnern, was für eine befreiende Wirkung es damals auf mich hatte und wie intensiv ich den Kontakt mit den Mitspielern erlebte. Auch Papst Johannes Paul II. war in seiner Jugend ein begeisterter Schauspieler. Er schrieb sogar selbst ein biblisch inspiriertes Stück mit dem Titel *Der Laden des Goldschmieds* und verwirklichte auf diese Weise noch eine weitere Möglichkeit, sich spielerisch-kreativ zu betätigen.

> *Spielt und gewinnt Distanz zum Ernst des Lebens. Ein gutes Spiel belebt und lehrt zugleich Demut.*

Auch das sportliche Spiel ist natürlich ein guter Ausgleich. Viele Menschen vollziehen heute eine hauptsächlich sitzende Tätigkeit und sollten schon aus gesundheitlichen Gründen regelmäßige Bewegung in ihre Freizeit einbauen. Nur steht und fällt hier alles mit dem richtigen, demütigen Maß. Wer viel Stress im Beruf hat, in seiner Freizeit aber unbedingt noch seine Marathonzeit verbessern muss, der tut sich selbst nichts Gutes und verkennt den Sinn von Freizeitsport. Auch hier ist eine gemeinsame Praxis, ein Sport, den wir mit anderen betreiben können, der isolierten Betätigung in vielen Fällen vorzuziehen. Zwar höre ich, dass das sportliche Vereinswesen, früher sehr populär, in der jüngeren Generation an Beliebtheit eingebüßt hat. Trotzdem habe ich den Eindruck, dass sich auch junge Menschen nach wie vor gerne, wenn auch weniger fest organisiert, in Gruppen zusammenfinden, um gemeinsam Sport zu treiben. Der natürliche, soziale Wunsch des Menschen, in seiner Freizeit nicht zu vereinsamen, wird zum Glück von keinem Trend so einfach zu bezwingen sein.

Treibt gemeinsam Sport. Dabei findet ihr körperlichen Ausgleich und soziale Bestätigung in der Gruppe.

Tut Gutes und erwerbt Vermögenskultur

Vergangenes Jahr wurde ich um einen Vortrag zum Thema »Wie viel Almosen soll man geben?« gebeten. Ich war in Versuchung abzusagen, weil es in dieser Frage wirklich kein Patentrezept gibt. Angeregt von dieser Herausforderung wollen wir in diesem Kapitel die Frage erörtern, wie wir mit Vermögen, wenn es uns durch Profit oder Erbe zugefallen ist, richtig und kultiviert umgehen können. Das Wort kultiviert wähle ich in diesem Zusammenhang nicht zufällig. Es soll uns an den »Kult«, also den Gottesdienst, erinnern. Den Begriff »Vermögenskultur« verdanke ich Professor Thomas Druyen von der Siegmund-Freud-Universität in Wien.

Im *Neuen Testament* gibt es eine Geschichte, aus der wir viel über die Frage der Almosen lernen, wenn darin auch kein Prozentsatz angegeben ist, an dem wir uns orientieren könnten. Sollte ich den Vortrag noch einmal halten, werde ich mich vielleicht auf eine Exegese dieser Bibelstelle beschränken. Christus sitzt in dieser Episode im Tempel beim Opferkasten, als eine arme Witwe kommt und einen Groschen einwirft. Christus lobt die Witwe für ihr rechtes Empfinden. Obwohl sie eigentlich selbst so arm ist, dass sie ein Almosen empfangen dürfte, spendet sie von ihrem Wenigen doch noch etwas für diejenigen, denen es noch schlechter geht. Ihre Gabe wird dadurch, wenn auch finanziell gering, besonders wertvoll.

Dass eine Spende für karitative Zwecke immer ein Ausweis von Vermögenskultur ist, liegt auf der Hand. Daraus aber ergibt sich schnell die Frage, ob es Dinge gibt, für die wir unser Geld auf keinen Fall ausgeben sollten. Ich war nur einmal im Leben zu Gast in einem staatlichen Spielcasino, habe aber selbst nicht gespielt. Ich war dabei in Gesellschaft verantwortungsbewusster und gesetzter Menschen, die sicher in der Lage waren, an dem Spielgeschehen teilzunehmen, ohne dabei in einen Rausch zu geraten und sich oder andere zu beschädigen. Trotzdem glaube ich, dass das reine Spiel um Geld keinen würdigen Umgang damit darstellt. Im Falle eines staatlichen Casinos könnten wir uns zwar mit dem Gedanken trösten, dass ein Spielverlust letztlich einer Spende ähnelt, da er ins öffentliche Budget fließt. Dennoch würde ich eine direkte Spende, die auf den merkwürdigen Nervenkitzel des Glücksspiels verzichtet, für aufrichtiger halten. Dabei müssen wir auch beachten, dass Glücksspiel eine hohe Suchtgefährdung erzeugt und Menschen oftmals bis in den finanziellen Kollaps und den darauf folgenden psychischen Zusammenbruch treibt.

Noch deutlicher lässt sich sagen, dass jede Form des Bezahlens für körperliche Liebe sicher keinen angemessenen Umgang mit Geld darstellt. Die Praxis der Prostitution nützt die Lage von Frauen aus, die oftmals unverschuldet in eine schwierige soziale Lage geraten sind. Wer für seine Lustbefriedigung bezahlt und dabei die soziale Abhängigkeit und die möglichen psychischen Verletzungen seines Gegenübers ignoriert, geht unwürdig mit Geld um und macht sich am Leid der Prostituierten mitschuldig.

> *Verschwendet euer Geld nicht für fragwürdige Vergnügungen, sonst setzt ihr die Kraft des Geldes zum Schaden der Welt ein.*

Schwieriger ist schon die Frage zu beantworten, inwiefern es mit Vermögenskultur vereinbar ist, sogenannte »Luxusgüter« anzuschaffen und zu erhalten. Ich habe eine Fürstin aus einer sehr wohlhabenden Familie gekannt, die sehr gerne kostbaren Schmuck getragen hat, den sie aus einem über

Jahrhunderte gewachsenen Vermögen durch Erbe erhalten hatte. Ich habe das als richtig und gut empfunden, weil es sich um eine kultivierte, sozial engagierte und verantwortliche Person gehandelt hat, die damit auch keineswegs in der Öffentlichkeit protzte. Sie beschränkte das Tragen ihres tatsächlich wunderschönen Diadems auf private Anlässe und innerfamiliäre Festlichkeiten, sodass ich ihr keinen Mangel an Demut unterstellen konnte. Es ging dieser Dame nicht darum, im Fernsehen oder in Illustrierten mit ihrem Reichtum zu glänzen, daher halte ich ihren Umgang damit für völlig in Ordnung.

Dennoch liegt bei solchen Luxusgütern natürlich ein Grenzfall von Vermögenskultur vor. Denken wir nur an die absurden Ausgaben der schon in der Einleitung erwähnten Paris Hilton, die sie laut Medienberichten für ihre Hunde tätigt. Jeder Mensch mit ein wenig Gespür fühlt sofort, wie Miss Hilton sich selbst und irgendwie sogar ihre Hunde damit erniedrigt und lächerlich macht. Dazu gesellt sich der Eindruck, dass sie und andere Prominente diesen ganzen Zirkus hauptsächlich betreiben, um so oft wie möglich in den Medien vorzukommen und dadurch narzisstische Befriedigung zu erlangen. Diese Sucht nach Aufmerksamkeit durch ein Um-sich-werfen-mit-Geld zu befriedigen, ist das genaue Gegenteil jener positiven Vermögenskultur, zu der wir uns verpflichten sollten. Ein großes Vermögen sollte es uns doch eigentlich gerade ermöglichen, unabhängig von untergeordneten Zwecken, wie der ständigen Jagd nach Aufmerksamkeit zu werden, und ein ruhigeres, erfüllteres Leben zu führen.

Wie aber steht es mit einem reichen Menschen, der sich beispielsweise ein teures Auto oder eine Yacht kauft? Verstößt er damit gegen den Wert der Vermögenskultur, auch wenn er die Anschaffung nicht aus Geltungssucht, sondern aus Freude an der Sache tätigt? Es fällt mir sehr schwer, darauf eine für jeden Einzelfall gültige Antwort zu geben. Einerseits sollten wir die Tatsache berücksichtigen, dass es durchaus gottgefällig ist, wenn wir uns in demütiger Weise an den Schönheiten der Welt und des Lebens erfreuen. Wäre dem nicht so, hätte dieses Buch keinen Sinn. Denn es versucht ja gerade die Frage zu beantworten, wie es möglich ist, wohlhabend oder sogar reich zu werden und dabei die Gebote Gottes zu beachten. Wozu aber sollte dieser Ansatz gut sein, wenn es uns, endlich reich geworden, grundsätzlich verboten wäre, an unserem Reichtum auch Freude zu empfinden?

Ein gutes Essen, guter Wein, eine schöne Wohnung oder gute Kleidung gehören in jedem Fall zu den Dingen, die ein reicher Mensch sich leisten darf, vor allem, wenn er seinen Reichtum durch eigene Arbeit erworben hat. Bei den sogenannten Luxusgütern kommt es dann wohl darauf an, in welcher Weise er sie nutzt. Hat der Betreffende die Yacht in Gebrauch, weil er ein begeisterter Segler ist und mit ihr die Welt erkundet, dann ist darin sicher kein demutsloser Umgang mit Reichtum zu erblicken. Ist die Yacht hingegen ein bloßer Luxusgegenstand, ein reines Statussymbol und eigentlich überflüssig, weil er gar nichts mit ihr anfängt, dann wird die Sache schon zweifelhafter.

*Wenn ihr vermögend seid, leistet euch
ruhig die eine oder andere Freude. Aber
bleibt skeptisch gegenüber dem Luxus,
den ihr an seiner Überflüssigkeit erkennt.*

Wenn wir jemals in die Lage kommen, mit Geld so freigiebig umgehen zu können, müssten wir uns jedenfalls immer fragen, ob wir nicht eine wenigstens ebenso große Summe für wohltätige Zwecke ausgeben sollten wie für unsere unter Luxusverdacht stehenden Konsumgüter. Investitionen in Kunst, Kultur oder Wissenschaft können dabei ein genauso positiver Ausdruck von Vermögenskultur sein wie Spenden für karitative Zwecke – gerade, weil anderen, weniger vermögenden Menschen dadurch Hilfe und Förderung gegeben wird. Letztlich ist jeder reiche Mensch dazu angehalten, das Ziel seiner Wohltätigkeit ebenso mit seinem Charakter und seinem Gewissen abzustimmen, wie die Höhe des Betrags, den er zu geben bereit ist. Es gehört zur großen Verantwortung des Vermögenden, dass er diese Entscheidung selbst zu treffen und für sie geradezustehen hat. Denn wie der Begriff »Vermögen« schon andeutet, »vermag« er damit etwas in der Welt zu bewegen. Die Richtung dieser Bewegung muss er frei wählen.

> *Wenn ihr großes Vermögen besitzt, seid wohltätig, denn zu spenden ist die höchste Form der Vermögenskultur. Wofür ihr spenden sollt, das wisst ihr selbst am besten.*

Die Fragen, die wir gerade erörtert haben, sind freilich nur für die wirklich oberste Schicht der Gesellschaft, die sprichwörtlichen »Oberen Zehntausend«, von praktischer Bedeutung. Nur sie verfügen tatsächlich über ein so großes Vermögen, dass sie ohne Rücksicht auf laufende finanzielle Verpflichtungen nach Gutdünken damit disponieren können. Für die meisten Menschen, auch für diejenigen, die wir als wohlhabend bezeichnen wollen, stellt sich eher die Frage, auf welche Ausgaben, welchen Konsum, sie verzichten wollen oder können, um so Geld für Spenden oder andere Akte der Vermögenskultur freizubekommen.

Dazu fällt mir ein schönes englisches Sprichwort ein: »Charity begins at home«, »Wohltätigkeit beginnt zu Hause«. Wir sollten also zunächst schon immer darauf schauen, dass wir uns selbst und den Menschen, für die wir Verantwortung tragen, einen angemessenen Lebenswandel ermöglichen und auch die eine oder andere Freude gönnen. Weihnachtsgeschenke, ein Urlaub oder Freizeitgestaltung gehören zu den Dingen, die wir uns für unsere Familie leisten dürfen und sollen, sobald uns dies finanziell möglich ist. Dabei gilt es aber nie zu vergessen, dass das größte Geschenk, das wir im familiären Rahmen machen können, das Geschenk gemeinsam verbrachter Zeit ist. Mit ihm sollten wir am freigiebigsten sein.

Sind diese Bedürfnisse durch das Familieneinkommen in sinnvoller Weise abgedeckt, dann können wir uns der Frage widmen, welchen Anteil unseres Einkommens wir für wohltätige Zwecke zur Verfügung stellen möchten. So kehren wir an dieser Stelle also doch wieder zur eingangs gestellten Frage nach einer Prozentzahl für die Almosen zurück, auf die ich noch immer keine Antwort habe. Klar ist allerdings eines: Während ein sogenannter Superreicher eventuell 95 Prozent seines Vermögens in eine Stiftung geben und von den verbleibenden 5 Prozent immer noch wie ein Kaiser leben kann, ist das für die allermeisten Menschen selbstverständlich ausgeschlossen.

Eine weitere Schwierigkeit bei der Orientierung an konkreten Zahlen liegt darin, dass nicht jeder Mensch die gleiche Summe Geld benötigt, um gut über die Runden zu kommen. Manche Menschen brauchen dafür etwas mehr, und das muss nicht an Verschwendung oder Undiszipliniertheit liegen. Sogar in der Regel des Heiligen Benedikt wird auf diese Tatsache Rücksicht genommen. Dort heißt es, der Abt des Klosters solle jedem so viel geben, wie er braucht. Wer bei dieser Aufteilung weniger bekommt, solle nicht klagen oder neidisch und böse auf die anderen sein, die mehr erhalten haben als er. Er solle, so meint der Heilige Benedikt, stattdessen Gott dafür preisen, dass er offenbar über die charakterliche Struktur verfügt, die nötig ist, um mit weniger auszukommen. Der Abt hat also die Aufgabe, auf die Bedürfnisse seiner Mitbrüder in gerechter und das heißt, in differenzierter Weise, Rücksicht zu nehmen.

> *Gebt für euch selbst und eure Nächsten*
> *so viel aus, wie ihr tatsächlich braucht.*
> *Ihr begeht keine Sünde, indem ihr eure*
> *weltlichen Bedürfnisse in guter Weise*
> *befriedigt.*

An diese Prämisse musste ich denken, als in meiner Zeit als Abt von Heiligenkreuz einmal einige jüngere Mitbrüder mit einer Bitte an mich herantraten. Sie äußerten den Wunsch, ein Fitnesstudio im Keller des Stifts einrichten zu lassen, um sich dort in ihrer Freizeit körperlich ertüchtigen zu können. Als Argument brachten sie vor, dass das von den älteren Mitbrüdern eifrig geübte Bergsteigen und Radfahren den Gewohnheiten ihrer Generation nicht mehr entspreche und sie sich dringend einen Ausgleich zum stehenden, sitzenden und knienden Alltag im Stift wünschten.

Ich muss zugeben, dass ich von diesem Ansinnen zunächst etwas irritiert war. Die Einrichtung eines Fitnessraumes mit entsprechenden Geräten ist keine ganz billige Angelegenheit. Ich war nicht sicher, ob ich diesem Wunsch meiner Mitbrüder entsprechen sollte, oder ob es sich dabei denn um eine Art »Luxus«, eine eigentlich überflüssige Anschaffung handelte, die doch auch sämtliche frühere Generationen von Mitbrüdern nicht benötigt hatten.

Schließlich entschied ich mich aber, den Wunsch zu erfüllen. Mir wurde klar, dass ich als Abt auf die auch zwischen den Generationen unterschiedlichen Bedürfnisse meiner Mitbrüder einzugehen hatte und dabei nicht zwanghaft überall dasselbe finanzielle Maß anlegen durfte. So investierten wir also in diesen Sportraum, der seither von vielen Mitbrüdern fleißig genutzt wird. In dieser Hinsicht hat er sich also zum Glück nicht als verschwenderischer Luxus erwiesen, für den ich nur ungern Geld aus dem Stiftsvermögen verwendet hätte.

Wir haben schon festgehalten, dass mit Vermögen große Verantwortung einhergeht. Diese Last der Verantwortung, die tatsächlich schwer werden kann, ist dann noch einmal größer, wenn wir durch Erbe und nicht durch eigene Arbeit an ein Vermögen gekommen sind. Gerade jemand, der in seinem Leben noch nie hart arbeiten musste, weil er immer über genug finanzielle Polsterung durch die eigenen Eltern verfügte, ist besonders gefährdet, dem Laster der Trägheit zu erliegen.

Auch wer Vermögen besitzt, sollte daher nicht darauf verzichten, sich eine sinnvolle, stetige Beschäftigung zu suchen und die Erlangung der menschlichen Würde durch Arbeit zu erstreben. Natürlich muss das nicht immer heißen, das gesamte Vermögen in eine Stiftung einzubringen und als Angestellter auf der untersten Sprosse von vorne anzufangen. Ich muss aber zugeben, dass mir in diesem Zusammenhang recht gut gefällt, was ich über Bill Gates' Umgang mit seinem Erbe gelesen habe. Wenn die Zeitungsberichte stimmen, dann hat Gates mit seiner Tochter Einigkeit darüber erzielt, ihr nicht das unermessliche Vermögen weiterzugeben, das er durch seine hervorragende Arbeit gepaart mit dem nötigen Glück erwirtschaften konnte. Er hat wohl zu Recht Angst, dass jeder junge Mensch von einem so riesigen Vermögen und dessen verantwortungsvoller Verwaltung überfordert wäre. Deshalb hat Gates mit seiner Tochter folgende Vereinbarung getroffen: Er finanziert ihr die bestmögliche Ausbildung und stellt ihr auch eine gewisse, sicher nicht zu kleine

Summe für ihren Start ins Leben zur Verfügung. Den größten Teil seines Vermögens hat Gates jedoch seiner Stiftung vermacht. So gibt er seiner Tochter die Chance, ihr eigenes Glück zu machen. Ich hoffe, dass Bill Gates seiner Tochter dieses Vorgehen plausibel gemacht hat, sodass sie es auch innerlich mittragen kann.

Dieses Vorgehen entspricht einer Art von Vermögenskultur, die in den USA sehr viel verbreiteter ist als in Europa. In der alten Welt haben reiche Familien immer eher versucht, Dynastien zu schaffen und den einmal erworbenen Reichtum von Generation zu Generation weiterzugeben und wachsen zu lassen. In den USA, wo das Bild des »selfmade man« dominant ist, stand dieser Gedanke nie im Vordergrund. Auch deshalb können die Vereinigten Staaten auf eine andere Tradition des Privatstiftungswesens und der durch Mäzenatentum ermöglichten künstlerischen und wissenschaftlichen Leistungen zurückblicken.

Wenn ihr Vermögen besitzt, bedenkt gut, wem ihr es vererben wollt. Fragt euch immer, ob eure Erben der Verantwortung des Vermögens auch wirklich gewachsen sind.

Am Beispiel von Paris Hilton haben wir gesehen, dass Erbe zum ethischen und charakterlichen Problem werden kann. Dazu bleibt festzuhalten, dass die christliche Religion so etwas wie einen verpflichtenden Anspruch auf finanzielles Erbe verneint. Aufschlussreich ist dafür eine Stelle im *Neuen Testament*, in der ein Mann zu Jesus kommt und darum bittet, Jesus solle den Bruder des Mannes anweisen, das Erbe mit ihm, dem Bittsteller, zu teilen. Jesus Christus weist den Bittenden mit der Frage ab, wer denn ihn zum Richter über die Angelegenheiten der beiden Brüder bestellt habe. Er nimmt die Frage nach dem Erbe also gar nicht zur Kenntnis, wohl weil er damit seine Unabhängigkeit von der Sphäre rein finanzieller Angelegenheiten demonstrieren möchte. Christus geht es um die Menschen. Er will kein Urteil in Fragen des Geldes sprechen, die die Menschen nur trennen und voneinander entfernen. Deshalb erscheint ihm die Frage des Erbstreits nicht würdig, sich mit ihr zu beschäftigen.

Zivilrechtlich sieht die Sache natürlich ganz anders aus. Da besteht für Ehepartner, Kinder und andere Verwandte selbstverständlich das Recht auf einen Pflichtteil am Erbe. Wenn wir uns aber vor Augen führen, wie viele familiäre Beziehungen durch den Streit über ein oft gar nicht so riesiges Erbe schon zerbrochen sind, dann sollten wir die Weisheit der Worte Jesu noch einmal neu bedenken. Wir sollten als Christen nicht nach einem Erbe gieren, das wir ja zwangsläufig nicht selbst erarbeitet haben. In keinem Fall sollten wir für die Erlangung eines Vermögens die Zerstörung der familiären Beziehungen zu unseren nächsten Verwandten riskieren. Denn ein auf diese Weise erkämpftes Vermögen hätte nichts mehr mit dem Prinzip zu tun, mit Gottes Segen reich werden zu wollen. Ich sage das hier so deutlich, da ich leider schon allzu oft erleben musste, dass Familien am Streit um das Erbe zerbrochen sind.

Sollten wir aber tatsächlich ein größeres Vermögen erben, dann wird es immer ratsam sein, uns zunächst einmal Freiraum zu schaffen und eine gründliche Selbstbefragung zu betreiben. Fühle ich mich der Verantwortung, die mit diesem Vermögen einhergeht, gewachsen? Empfinde ich es eher als Bereicherung oder als Belastung? Es ist keine Schande, wenn wir zum Schluss kommen sollten, dass wir uns diese Verantwortung nicht auf Dauer zumuten wollen. In diesem Fall sollten wir so mutig sein, den bereits oben erwähnten Weg der Stiftungsgründung zu wählen. Wir können dann bei der Konstruktion einer solchen gemeinnützigen Stiftung immer noch entscheiden, wie groß unsere Mitverantwortung innerhalb dieser sein soll, oder ob wir die Verantwortung für das Vermögen ganz in andere, vertrauenswürdige Hände legen wollen.

> *Wenn ihr selbst erbt, nehmt euch eine Auszeit. Befragt euch selbst und entscheidet erst dann, wie ihr mit der Verantwortung des Erbes umgeht.*

Natürlich spielen Fragen der Vermögenskultur bei den verschiedensten wirtschaftlichen Investments eine Rolle. Gerade im Bereich des Wertpapierhandels hat es in den vergangenen Jahren einen starken Trend zur Einbeziehung ethischer Fragen bei der Zusammenstellung von Fonds gegeben. Bei meiner Tätigkeit im Aufsichtsrat des kirchlichen Bankhauses Schelhammer & Schattera spielte die Ethisierung der Fonds wie erwähnt eine große Rolle.

Dabei ging es aber bei weitem nicht nur um Fragen des Umweltschutzes. Vielmehr versuchten wir, alle Investments, die uns aus christlicher Sicht ethisch bedenklich erschienen, aus dem Portfolio auszuschließen. Zu diesem Zweck stand uns eine extra auf solche ethischen Bewertungsfragen spezialisierte Ratingagentur beratend zur Seite. Natürlich sind wir bei unseren Bemühungen aber immer wieder auf schwer zu entscheidende Grenzfälle gestoßen.

Einer dieser Fälle drehte sich um ein allen Kriterien der Nachhaltigkeit verpflichtetes österreichisches Unternehmen, das Kartonagen produzierte. Eines Tages überbrachte uns die uns beratende Ratingagentur die Information, dass 80 Prozent der von dieser Firma produzierten Kartons für die Herstellung von Zigarettenverpackungen verwendet wurden. Nun waren wir in einem Dilemma. Alle Tabakunternehmen hatten wir aus gesundheitspolitischen Gründen ebenso aus allen Fonds entfernt wie Waffenunternehmen und Alkoholproduzenten. Wir alle hatten diese Entscheidungen für richtig befunden, obwohl wir uns der Ambivalenz all dieser Bereiche vollkommen bewusst waren. Die Waffe in der Hand des Polizisten, der damit ein Verbrechen verhindert, ist etwas anderes als die Waffe in der Hand des Kriminellen. Alkohol und Nikotin können schweren Schaden anrichten und abhängig machen, sie gehören aber auch zu einer gewissen Kultur, das

Leben zu genießen, und sind sicher nicht unter allen Umständen zu verteufeln.

Trotzdem hatten wir diese Bereiche im Sinne einer vorbildhaften Vermögenskultur aus den Fonds herausgenommen und standen jetzt vor der schwierigen Frage, was mit den Aktien der Kartonage-Firma geschehen sollte. Schließlich kam mir der rettende Einfall: Ich brachte zur nächsten Aufsichtsratssitzung eine der inkriminierten Verpackungen mit. Dann zeigte ich die darauf gedruckten Warnungen vor den Folgen des Tabakkonsums und argumentierte, dass diese Verpackungen doch eigentlich die Speerspitze der Anti-Rauch-Kampagne waren. Dieses Argument überzeugte die anderen Mitglieder des Aufsichtsrates, sodass wir uns schließlich dazu entschlossen, die Aktien der Firma in unserem Portfolio zu halten.

Ich möchte aber auf keinen Fall den Eindruck erwecken, als ob es insgesamt schwierig gewesen wäre, ausreichend viele gewinnträchtige Unternehmen für die Fonds zu finden, die unsere ethischen Kriterien erfüllten. Im Gegenteil. Die uns beratende Ratingagentur machte uns darauf aufmerksam, dass die Zahl der infrage kommenden Unternehmen stetig wuchs. Produktivität und

Gewinnspanne solcher Unternehmen waren in der Tendenz überdurchschnittlich hoch. Zugleich bemühten sich Firmen aus problematischen Branchen, durch soziale Kampagnen oder Änderungen in ihrer Produktionsweise, ihr negatives Image zu korrigieren und so die Aufnahme in »Good Fonds« wie den unseren zu schaffen. Daran sehen wir, dass gelebte Vermögenskultur Rückkopplungseffekte erzeugt, die sich positiv auf die Gesellschaft als Ganzes auswirken können.

Wenn ihr Aktien kauft, wählt sie auch
nach ethischen Kriterien. Damit vermehrt
ihr nicht nur euer Vermögen sondern ihr
setzt es auch zum Wohl unserer Welt ein.

Schlussendlich bleibt es natürlich die Gewissensentscheidung jedes Einzelnen, ob er Aktien von Unternehmen hält, die ethisch fragwürdig agieren. Würde mich jemand im Beichtstuhl danach fragen, ob es eine Sünde ist, mit solchen Aktien Geld zu verdienen, dann würde ich ihm raten, sein Gewissen daraufhin zu erforschen, ob er sein Handeln selbst verantwortbar findet.

Leider ist der Begriff der Gewissensentscheidung in letzter Zeit etwas ins Zwielicht geraten. Manche

Menschen verstehen darunter nunmehr fälschlicherweise, sie könnten einfach tun, was sie wollen. Sie missverstehen den Verweis auf ihr Gewissen als Hinweis darauf, dass es bei einer Entscheidung ohnehin kein Richtig und Falsch gibt. Dabei gibt es für Situationen, auf die das zutrifft, doch schon das treffende Wort der Geschmacksfrage. Eine Gewissensentscheidung ist die Entscheidung in einer wichtigen Frage in der Verantwortung vor Gott. Denn in den innersten Kammern unseres Gewissens sind wir Gott am nächsten, weil wir das Gewissen von Gott empfangen haben und darüber mit ihm in Verbindung stehen. Deshalb wird unser Gewissen uns in Fragen, die wir nicht mithilfe unserer Vernunft beantworten können, immer die beste Richtschnur sein.

Auf unser Gewissen sollten wir uns deshalb auch verlassen, wenn der Zeitgeist Prämissen ausgibt, die im Widerspruch zum Wert der Vermögenskultur stehen. Der Werbeslogan »Geiz ist geil« etwa wurde sicher bewusst provokativ gewählt, damit er im Gedächtnis haftet. Gemeint ist hier wohl eigentlich Sparsamkeit, die durchaus die Bezeichnung als Tugend verdient. Trotzdem sollte ein solcher Spruch nicht ganz unwidersprochen hingenommen werden. Geiz ist nämlich nicht nur nicht geil, sondern sogar eine der sieben Hauptsünden. Für den Vermögenden ist der Geiz das Laster, das sein Vermögen im ethischen, aber auch im wirtschaftlichen Sinn, wertlos werden lässt. Der Geizige, der sich an sein Geld klammert, vermag damit nichts mehr in Bewegung zu setzen, er »vermag« nichts mehr mit seinem »Vermögen«, wird unfähig, Almosen zu geben und macht sich zum Sklaven seines Geldes.

Es ist der wichtigste Auftrag von Vermögens-kultur, dem Geiz zu widerstehen und ihn nicht zu unserem Ratgeber werden zu lassen. Reich *mit* Gott kann nur ein Mensch werden, der seinen Geiz überwunden hat.

> *Seid niemals geizig. Geiz entwertet euer Vermögen und macht euch zu Sklaven eures Geldes.*

»Evangelii gaudium« – Das Geld muss dienen

Manche werden sich vielleicht über den Titel dieses Buches gewundert haben. Da schreibt ein katholischer Geistlicher darüber, wie wir mit Gott reich werden können. Steht mit Papst Franziskus nicht gerade ein Mann an der Spitze der Kirche, der den Begriff der Armut ins Zentrum der christlichen Lehre stellt? Wie also passt das zusammen?

Um Missverständnissen vorzubeugen, habe ich dem Buch nun diesen Appendix angeschlossen. Ich möchte in diesem Schlusskapitel zeigen, dass die von mir gegebenen Ratschläge keineswegs im Widerspruch zur Lehre des Heiligen Vaters stehen. Zugleich möchte ich die Gelegenheit nutzen, einige der Inhalte des ersten apostolischen Schreibens von Papst Franziskus, *Evangelii gaudium*, auf diesem Weg weiterzuverbreiten.

Evangelii gaudium bedeutet so viel wie »Freude am Evangelium«. Und tatsächlich ist die Botschaft des Heiligen Vaters zuallererst eine Freudenbotschaft, die frohe Botschaft Jesu, die den Menschen erheben und ihn nicht niederdrücken soll. »Lobenswert sind die Erfolge, die zum Wohl des Menschen beitragen«, schreibt Papst Franziskus zu Beginn des Kapitels über die Herausforderungen in der Welt von heute. Ich denke, hier ist auch der ehrliche wirtschaftliche Erfolg gemeint. Allerdings sieht der Heilige Vater sich angesichts der Weltlage auch dazu verpflichtet, die Auswüchse der kapitalistischen Wirtschaft hart zu kritisieren. »Nein zu einer Wirtschaft der Ausgrenzung und der Disparität der Einkommen. (...) Diese Wirtschaft tötet«, sagt er uns klipp und klar. Und er fährt fort: »Der Mensch an sich wird wie ein Konsumgut betrachtet, das man gebrauchen und dann wegwerfen kann. Wir haben die ›Wegwerfkultur‹ eingeführt, die sogar gefördert wird. Es geht nicht mehr einfach um das Phänomen der Ausbeutung und der Unterdrückung, sondern um etwas Neues: Mit der Ausschließung ist die Zugehörigkeit zu der Gesellschaft, in der man lebt, an ihrer Wurzel getroffen, denn durch sie befindet man sich nicht in der Unterschicht, am Rande, oder gehört zu den Machtlosen, sondern man steht draußen. Die Ausgeschlossenen sind nicht ›Ausgebeutete‹, sondern Müll, ›Abfall‹«.

Was der Heilige Vater hier am stärksten anprangert, das ist die Versachlichung des Menschen, die ihn erniedrigt und ihm seine Würde raubt. Aber auch vor den Heilslehren eines unkontrollierten freien Marktes warnt er eindringlich: »In diesem Zusammenhang verteidigen einige noch die ›Überlauf‹-Theorien (Trickle-down-Theorie), die davon ausgehen, dass jedes vom freien Markt begünstigte Wirtschaftswachstum von sich aus eine größere Gleichheit und soziale Einbindung in der Welt hervorzurufen vermag. Diese Ansicht, die nie von den Fakten bestätigt wurde, drückt ein undifferenziertes, naives Vertrauen auf die Güte derer aus, die die wirtschaftliche Macht in Händen halten, wie auch auf die sakralisierten Mechanismen des herrschenden Wirtschaftssystems.«

Das ist starker Tobak und hat die Kraft, uns wirklich wachzurütteln. Wie aber können wir gegen diese Fehlentwicklungen ankämpfen? Der Heilige Vater gibt uns einen wichtigen Hinweis darauf, wenn er schreibt: »Die Finanzkrise, die wir durchmachen, lässt uns vergessen, dass an ihrem Ursprung eine tiefe anthropologische Krise steht: die Leugnung des Vorrangs des Menschen!« Ich erinnere in diesem Zusammenhang an die schon erwähnte Formulierung von Papst Johannes Paul II in der Enzyklika *Redemptor hominis*: » Der Mensch ist das Subjekt der Wirtschaft.«

Von ebendiesem Vorrang des Menschen ist im vorliegenden Buch ausführlich die Rede gewesen.

Auch der Heilige Vater erkennt hier den Dreh- und Angelpunkt, an dem sich Wohl und Wehe der Wirtschaft entscheiden, wenn er nachdrücklich vor einem »Fetischismus des Geldes« und einer »Diktatur einer Wirtschaft ohne Gesicht und ohne ein wirklich menschliches Ziel« warnt. Er beschreibt die Gefahren eines »vergöttlichten Marktes« und erkennt dahinter die Haltung einer »spöttischen Verachtung« der Ethik und einer »Ablehnung Gottes«.

»Das Geld muss dienen und nicht regieren!«, ruft der Heilige Vater entschieden aus. Er erinnert damit an die Tugend der Demut und die Verantwortung des Vermögens, zwei Themen, die uns in diesem Buch ebenfalls viel beschäftigt haben.

»Der Papst liebt alle, Reiche und Arme«, setzt Franziskus fort, »doch im Namen Christi hat er die Pflicht, daran zu erinnern, dass die Reichen den Armen helfen, sie achten und fördern müssen. Ich ermahne euch zur uneigennützigen Solidarität und zu einer Rückkehr von Wirtschaft und Finanzleben zu einer Ethik zugunsten des Menschen.«

Der Papst liebt also Reiche und Arme gleichermaßen. Aber angesichts der Zustände in großen Teilen der Welt, in denen die Armut noch zunimmt, anstatt sich zu verringern, sieht sich der

Heilige Vater veranlasst, deutlich als Anwalt der Armen aufzutreten und Klartext zu sprechen. So darf es nicht weitergehen, das ist seine Botschaft. Und er warnt vor der »sozialen Ungleichheit, die Gewalt hervorbringt«. Unter diesem Gesichtspunkt müssen wir vielleicht auch die Wurzeln eines Terrorismus, der oft als islamisch bezeichnet wird, eher in jener massiven sozialen Ungleichheit suchen, die die Menschen zornig und anfällig für totalitäre Ideologien macht.

Was aber können wir heute in Mitteleuropa aus diesen erschütternden Worten des Heiligen Vaters lernen? Auch bei uns ist die soziale Ungleichheit im Zunehmen, aber sie hat zum Glück noch keinen so drastischen Charakter angenommen wie in anderen Teilen der Welt. Auch wir sind beunruhigt über den explosionsartigen Anstieg der Gewinne weniger Menschen, während sich die finanzielle Lage der breiten Masse seit Beginn der Finanzkrise verschlechtert hat. Aber noch scheinen die Kräfte der sozialen Kohäsion in den meisten Nationen unseres Erdteils stark genug zu sein, um ein Auseinanderbrechen der Gesellschaft zu verhindern. Auch wir machen uns Sorgen über die Verbreitung eines Menschenbildes, das den Einzelnen zum Kostenfaktor erniedrigt, anstatt ihm das Recht auf würdige Arbeit zu verbriefen. Aber zugleich vertrauen wir noch auf den Schutz, den unsere Verfassungen und die seit Jahrzehnten bewährten rechtlichen Institutionen dem Individuum vor Erniedrigung und Verarmung bieten.

Wir sind in Mitteleuropa also, kurz gesagt, der Tendenz nach in einer ähnlichen, der faktischen Realität nach aber auch in einer ganz anderen sozialen Situation als weite Teile der Welt. Das bedeutet, dass auch unser Weg, die Mahnung des Heiligen Vaters ernst zu nehmen und handelnd zu beherzigen, ein anderer, unserer Situation angemessener sein muss. In einer Gesellschaft, an deren Reichtum wenn schon nicht alle, so doch viele ihrer Mitglieder partizipieren, ist der Wunsch, sich Wohlstand zu schaffen, bestimmt nicht illegitim. Im Gegenteil, indem wir im Einklang mit den Geboten Gottes wirtschaftlich tätig werden und dabei nie den Menschen aus dem Blick verlieren, haben wir teil an jenen Erfolgen, die der Heilige Vater »lobenswert« nennt, »weil sie zum Wohl des Menschen beitragen«.

In genau diesem Sinn habe ich in diesem Buch versucht, ein paar Hinweise für jene zu geben, die wirtschaftlichen Erfolg, Wohlstand und Reichtum auf dem Pfad des »Vorranges des Menschen« verwirklichen wollen, und nicht auf dem Pfad der Ausschließung und Unterdrückung anderer. Dennoch – und daran erinnert uns der Heilige Vater zu Recht – dürfen wir es uns in diesem Europa nicht zu bequem machen und uns darüber täuschen, dass die schweren Probleme der Welt uns nichts angingen. Die Globalisierung hat das zu einem wirtschaftlichen Faktum gemacht, was auch früher schon ethisch gültig war: Das Schicksal der Welt betrifft uns alle. Was den Menschen in anderen Erdteilen widerfährt, das widerfährt unseren Brüdern und Schwestern. Wir sind als Christen und als mündige Bürger vom Heiligen Vater zur »uneigennützigen Solidarität« mit den Schwachen und Benachteiligten der Welt aufgerufen. Wenn wir unseren Reichtum mit Gott für uns und auch für künftige Generationen bewahren wollen, dann sind wir gut beraten, diesen Aufruf nicht ungehört verklingen zu lassen.